Edmond NEUKOMM

# GUILLAUME II

ET

## SES SOLDATS

*L'Empereur à Berlin — Les Amis de feu Frédéric III
à la Cour du roi Guillaume
Les Socialistes et le Socialisme d'Etat — L'Alliance italienne
Le Parti militaire — L'Affaire des Samoa
L'Afrique à Berlin — Une Ambassade folâtre
La Guerre aux Juifs — Le Cas du baron Cohn
La Ménagerie Tisça — En Bavière
La Régence du Luxembourg — Les Grèves — Etc., etc.*

PARIS

ERNEST KOLB, ÉDITEUR

8, RUE SAINT-JOSEPH, 8

# GUILLAUME II

ET

# SES SOLDATS

ÉMILE COLIN — IMPRIMERIE DE LAGNY

# EDMOND NEUKOMM

---

# GUILLAUME II

## ET

## SES SOLDATS

Les événements qui font l'objet principal de ce livre se placent entre le mois d'octobre 1888 et l'automne de 1889.

**PARIS**

ERNEST KOLB, ÉDITEUR

8, RUE SAINT-JOSEPH, 8.

---

# GUILLAUME II

## ET

## SES SOLDATS

---

### CHAPITRE PREMIER

#### NOTRE TITRE

*Un toast de l'Empereur.*
*Guillaume II et Frédéric-Guillaume I<sup>er</sup>.*
*Exécution d'un chef de musique.*
*Un bon avertissement.*

Au mariage récent d'un Hohenzollern de la branche aînée avec une princesse de Bourbon, fille du comte de Trani, l'Empereur Guillaume II leva son verre et, s'adressant à la mariée, il lui dit :

— Les Hohenzollern ont toujours été de bons soldats; je suis sûr que Votre Altesse Royale sera une bonne femme de soldat.

Tout l'homme est dans ce toast : tout pour les soldats ; tout par les soldats.

On a souvent comparé le jeune Empereur à Frédéric II; c'est plutôt au père du vainqueur de Prague qu'il ressemble, au rigide Frédéric-Guillaume Ier, le grand collectionneur de grenadiers, qui passa son existence à faire manœuvrer ses recrues et à leur inculquer à coups de canne les préceptes du grand art militaire.

La canne est démodée; aussi le petit-fils de Guillaume Ier ne s'en sert-il pas; mais il apporte dans ses inspections quotidiennes les mêmes exigences et les mêmes rigueurs que son ancêtre. Ne l'a-t-on pas vu récemment, à une revue qui précéda de peu l'arrivée du roi Humbert à Berlin, chasser du champ de manœuvres le chef de musique d'un régiment parce qu'il n'exécutait pas la marche des Bersaglieri dans le mouvement voulu?

Parfois, il est vrai, Guillaume II semble se relâcher de sa rigidité coutumière. Mais, en ce cas, sa clémence voulue vaut, par son excès même, toutes les punitions qu'il pourrait infliger. Un matin, à six heures, il se présente inopinément au quartier d'un régiment de dragons. Les soldats sont sous les armes; mais l'officier qui doit les commander n'est pas arrivé. L'Empereur attend. Le quart d'heure de grâce s'écoule; puis encore un quart d'heure. Enfin, à six heures et demie, le retardataire apparaît.

L'Empereur ne souffle mot. Il assiste à la manœuvre, fait quelques observations, comme à l'ordinaire; puis il s'éloigne, sans adresser la parole à l'officier fautif.

Celui-ci se croit perdu. Il rentre chez lui, s'attendant à recevoir, d'un moment à l'autre, communication de sa disgrâce ou de quelque chose de pire. Avec les habitudes expéditives de Guillaume II, l'affaire ne pouvait traîner. Mais l'après-midi, puis le soir se passent, sans qu'il voie rien venir. Il s'était mis aux arrêts volontaires, dans l'attente de la missive qui devait décider de tout son avenir. Enfin, vers neuf heures, comme il se disposait à se mettre au lit, un coup de sonnette retentit. Il court ouvrir. C'est un petit paquet qu'on vient d'apporter à son adresse. Il le prend vivement, il l'ouvre... O surprise! le petit paquet contenait... un réveille-matin.

Mais ce fait est isolé, forme l'exception dans les habitudes de l'Empereur. Ni le grade ni la naissance, qui, pourtant, jouit d'un certain prestige auprès de lui, n'ont pu préserver de sa rigueur nombre d'officiers pleins d'avenir. Pour une peccadille, pour un manque au règlement, pour une confusion sur le terrain d'exercices, ils ont été cassés ou envoyés en disgrâce dans un régiment éloigné. Le but du jeune souverain est d'atteindre à la perfection militaire, au point de vue de l'assouplissement et de l'homogénéité de son armée.

Pour favoriser ce but, Guillaume II ne recule devant aucun procédé, si rigide qu'il puisse paraître. Son premier soin a été de rajeunir ses régiments par l'élimination impitoyable de tous les officiers pour lesquels a sonné l'heure de la retraite. De véritables hécatombes de soldats blanchis sous le harnais ont été faites depuis un an; aussi n'est-il pas un officier grisonnant qui, pendant son sommeil, ne rêve de la *lettre bleue*.


*La lettre bleue. — Le colonel Guillaume.*<br>*Un ministère de soldats.*


La *lettre bleue*, c'est le billet doux par lequel le Cabinet impérial fait connaître directement aux officiers la mesure qui les frappe, — elle tire son nom de la couleur de son enveloppe. La *lettre bleue*, c'est l'épouvantail des familles de soldats, peu riches, en général. La *lettre bleue*, c'est l'épée de Damoclès toujours suspendue sur la tête de ceux qui ont vécu par l'épée.

Depuis l'avènement de Guillaume II, les facteurs de la poste n'ont cessé de trouver dans leurs boîtes ce pli menaçant. Sur quatorze commandants de corps d'armée, huit des anciens titulaires ont été remplacés ; soixante généraux ont été rendus à leur charrue, et cent cinquante officiers supérieurs de l'état-major les ont suivis dans leur retraite. Quant aux colonels, aux commandants et aux capitaines, c'est par plusieurs milliers que se comptent les exécutions. Le jeune Empereur n'a pas lieu d'observer, à l'égard des vieux officiers, les scrupules de son aïeul, pour qui c'était un cas de conscience de se séparer de ses compagnons d'armes ; aussi fauche-t-il sans pitié dans leurs rangs.

La réorganisation de son armée forme le souci constant de Guillaume II. Tout le jour, il pense à ses soldats, et l'on peut dire qu'il y pense toute la nuit aussi ; car une excitation nerveuse, dont il souffre, et qu'il combat par de violents exercices de corps et par de fréquents déplacements, le prive de sommeil. Dès l'aube, il est debout et se rend à une caserne ou au champ de manœuvres. Là, il commande lui-même l'exercice et fait défiler les troupes. Puis, il prend la tête d'un régiment et rentre à Berlin, enseignes déployées et aux sons des tambours et des fifres, avec lesquels alternent l'éclat des fanfares et les mugissements des cuivres.

L'Empereur ne savoure point de plus doux moments que ceux où il chevauche de la sorte. Les soldats qui le suivent lui appartiennent; il lui semble qu'il est leur colonel; ce n'est pas un régiment, c'est une famille qui lui fait escorte. Il connait tous les officiers par leurs noms; à un homme près, il sait l'effectif de chaque compagnie; et le rapport quotidien des sergents n'a pas de secrets pour lui.

Séparer un tel homme de ses soldats serait une faute grave dans un livre qui a la prétention de faire connaître les débuts de Guillaume II.

Récemment, on a paru surpris, parce que le comte Herbert de Bismarck venait d'être nommé lieutenant-colonel. Le fait est pourtant bien naturel; car l'avancement se fait dans la Landwehr comme dans l'armée active. Tous les ministres de Guillaume II sont soldats, depuis le prince de Bismarck, président du Conseil, qui est général, jusqu'à M. de Scholz, ministre des finances, qui n'est que sergent-major.

En associant ses soldats au nouvel Empereur, c'est toute la nation qu'on lui adjoint.

D'où notre titre :


GUILLAUME II ET SES SOLDATS

# CHAPITRE II

## L'EMPEREUR A BERLIN

*Les portraits de Guillaume II.*
*Le chapeau de M. de Bismarck.*
*Une photographie à transformations.*
*L'enfant de troupe.*

Berlin, c'est l'Empereur. De quelque côté que l'on porte ses pas, sur quelque point que l'on fixe son regard, il apparaît. Aucune industrie n'échappe à son obstruction. On le voit, dans le même moment, en plâtre, en cire, en bronze, en nougat; et dans les montres des photographes, et dans les boutiques de menus objets, il n'est place que pour lui.

N'allez donc pas, mettant pour la première fois le pied à Berlin, et vous livrant à cette douce promenade d'initiation qui, dans les voyages, marque les heures de délassement, n'allez pas, flânant par les rues et vous arrêtant à toutes les vitrines, vous leurrer de l'espoir que, dans un premier coup d'œil d'ensemble, vous embrasserez le mouvement, la vie, l'originalité de la ville impériale. Vous avez hâte, pour peu que vous vous intéressiez aux choses de l'Allemagne, de connaître les traits des hommes politiques, des artistes célèbres, des personnages de toutes marques de ce pays, dont les noms sont venus chaque jour se placer sous votre vue. Renoncez à cette curiosité : l'Empereur doit vous suffire.

A la vérité, l'on peut, en cherchant bien, apercevoir M. de Bismarck, mais dans un coin de la vitrine, et coiffé d'un vaste chapeau qui rappelle celui d'Hyacinthe. Ce chapeau, c'est tout un programme : c'est celui que le Chancelier de l'Empire arbore aux jours de villégiature, pour faire croire aux bons bourgeois qu'il s'est retiré sous sa tente.

Un jour où son adversaire implacable, le chef des progressistes, s'était emporté plus encore que de coutume, le grand ministre, dédaignant de répondre, se contenta de dire : « Richter ne se ménage pas assez. Est-ce qu'il n'a pas un fils pour continuer la lutte avec le mien ? » Un moment, on a pu croire à cette éventualité ; le comte Herbert de Bismarck semblait devoir recueillir la succession paternelle.

Une photographie le représente en conférence avec
Guillaume II. Or, il est à remarquer que la pose des
deux personnages est identiquement la même que
celle d'une ancienne image, souvent reproduite par
nos journaux illustrés, qui montre Guillaume Ier
conférant avec son fidèle conseiller. Sur cette dernière, le vieux Bismarck était en cuirassier blanc ;
sur la première, son fils est en dragon bleu ; sauf ce
détail, rien n'était changé... Aujourd'hui, cette photographie, toujours la même, montre une troisième
transformation : c'est avec le comte Waldersee que
s'entretient Guillaume II.

D'autres tableaux représentent des groupes de la
famille impériale. On y voit souvent l'impératrice
entourée de ses enfants. Ceux-ci jouent, bêchent la
terre, font des bouquets. Mais l'heure de l'exercice
a déjà sonné pour eux. Voici l'aîné, le petit prince
Frédéric-Guillaume, en uniforme de hussard, che-
vauchant à côté de son père dans une allée du parc
de Sans-Souci. Plus loin, il nous apparaît en faction,
sabre au poing ; son air est tristot, doux, et ne sied
guère au costume dont on l'affuble. Ses trois frères
cadets viennent ensuite. Ils sont en marins, col
ouvert, les jambes serrées dans une culotte courte.
Mais le temps n'est pas loin où ils revêtiront, eux
aussi, le dolman viril. Déjà les voilà, sur une carte
album, alignés au port d'armes, casque en tête. Le

1.

plus grand, ou plutôt le moins petit, bat du tambour... Le père est dans la pièce voisine, sans doute, et se dispose à les passer en revue.

Seul, le dernier-né jouit, vu son jeune âge, du privilège de se montrer encore en jupons. L'Empereur le tient sur ses genoux ou l'élève à la hauteur de son visage; il semble lui dire : « Bientôt tu entreras dans le rang, pour faire place à un autre. »

Et les Berlinois de se presser autour de ces scènes intimes, dont chaque nouvelle production est saluée comme un événement.

*Popularité de Guillaume II.*
*Préparatifs pour sa réception.*
*Un complot imaginaire.*

Guillaume II est-il donc si populaire à Berlin? On peut le croire, à première vue, mais en faisant la part d'une curiosité fort intense et qui met, à Berlin comme ailleurs, un point d'interrogation au-dessus de cette jeune tête, jusqu'à présent sans caractère bien défini, et dont les pensées ne se sont encore révélées que sous une forme confuse.

Ce qui est certain, c'est que les Berlinois acclament leur Empereur toutes les fois qu'ils en trouvent l'occasion. Aussitôt qu'on aperçoit au loin, dans une voiture, l'aigrette blanche et la flamme rouge de son kolbak flottant au vent, on accourt de tous côtés et des hurrahs nourris retentissent sur son passage. Lui, reste froid, le masque immobile, le buste droit. Jamais un sourire ne vient égayer sa figure. Il reçoit les ovations de la foule comme un hommage qui lui est dû. Et s'il y répond en mettant la main à son kolbak, c'est qu'il est d'usage qu'un officier rende son salut au simple soldat.

Un hasard, un peu cherché, m'avait fait arriver à Berlin le jour fixé pour l'entrée de Guillaume II dans sa capitale, au retour de ses fameux voyages en Russie, en Autriche et en Italie. La presse locale avait, à plusieurs reprises, annoncé que la population se disposait à lui faire un accueil triomphal; et, de fait, de nombreux préparatifs avaient eu lieu, dans les cercles populaires, pour donner à cet événement toute la pompe désirable. Les associations de vétérans avaient secoué la poussière de leurs étendards, les chanteurs repassaient les chœurs les plus ardents de leur répertoire et dans les familles, on tirait, des vastes armoires, les attributs et les transparents dont on a coutume d'orner les maisons dans les grandes circonstances.

Chacun s'apprêtait à fêter le jeune prince à l'égal

d'un conquérant. C'était comme la consécration d'un
pacte sympathique entre le souverain et son peuple,
comme le souhait de joyeux avènement d'une foule
avide de spectacles et dont les drames de l'année
qui se terminait avaient paralysé momentanément
l'exubérance habituelle. Au cours de l'été précédent,
aussitôt après la mort de son père, Guillaume II
était venu à Berlin, mais pour s'y montrer en pa-
rade seulement, tandis que, maintenant, il allait s'y
installer, y vivre, et, sans doute, s'y montrer
chaque jour, à l'heure de la garde montante, comme
avait coutume de le faire Guillaume Ier. C'était un
programme dont le Berlinois, curieux, se délectait
par avance. Aussi, quelle ne fut pas sa déconvenue
lorsque le bruit se répandit soudainement que
l'Empereur, dédaigneux des hommages qu'on se
disposait à lui rendre, avait décidé de se rendre directement au Château de Marbre, près de Potsdam,
son habitation ordinaire, sans même entrer en
ville.

Les commentaires les plus divers ne tardèrent
pas à se produire. D'aucuns déclarèrent que
l'Empereur était tombé malade par suite des fatigues endurées pendant son voyage. D'autres pré-
tendaient qu'il se montrait fort mécontent de l'accueil dont il avait été l'objet de la part des princes
étrangers. On allait même jusqu'à parler déjà d'une

désagrégation complète de la triple alliance, alors dans toute sa fleur. Enfin, et c'était là la flèche des progressistes, on faisait courir le bruit de l'éloignement insurmontable du souverain pour la ville de Berlin, qui envoie des socialistes à la Chambre. On allait même jusqu'à lui attribuer un propos, aux termes duquel il aurait manifesté des craintes sérieuses pour sa sûreté personnelle, le jour de son entrée à Berlin.

Malgré tout ce qu'il offrait d'invraisemblable, ce racontar ne tarda point à prendre créance dans la population. On parlait presque ouvertement d'un complot dont la police tenait les fils. Plusieurs arrestations avaient été faites, disait-on, et l'Empereur se promettait de prendre des mesures radicales contre les socialistes.

On a dit avec raison que les attentats de Haedel et de Nobiling pèsent toujours sur le socialisme allemand. Pas suffisamment cependant pour que Guillaume II ait lieu de se croire menacé par l'effervescence populaire. Assurément, il partage les éloignements de sa race pour tout ce qui tient de près ou de loin aux doctrines des Bebel et des Liebknecht ; mais il sait aussi que leurs adhérents sont entrés, comme leurs chefs, dans la voie parlementaire et que les coups d'audace renouvelés de l'ancien temps ne sont plus à craindre.

C'est qu'en vérité, c'est un singulier produit de la révolution moderne que le socialisme allemand. Avec un programme mal défini, et sans autre avis que le mot d'ordre parti de gens, d'ailleurs éminents, dont il suit aveuglément les ordres, il va de l'avant, droit son chemin, opposant à l'autorité son bulletin de vote et trouvant fort naturel d'agir ainsi. Mais n'allez pas exiger de lui qu'il élève individuellement la voix contre ce qu'il attaque en légion. Il est allemand, et, en cette qualité, il aime, sinon les princes, du moins le spectacle des princes.

De sorte qu'en sortant d'une séance où il aura recueilli la parole sainte, il ne se croira nullement empêché de se joindre à la société chorale dont il fait partie pour pousser des hurrahs harmoniques sur le passage du souverain. On est socialiste, mais on est orphéoniste, avant tout.


*Stupéfaction d'un bourgmestre.*
*Un reproche immérité. — Installation secrète.*


Mais revenons à l'Empereur. S'il ne craint pas les attentats, il ne s'en montrait pas moins, dans le moment, très irrité contre les habitants de Berlin.

Il s'en était expliqué vertement au premier magistrat de la capitale qui était venu le saluer, à la tête d'une délégation, à son passage à Potsdam. Sans attendre que le bourgmestre eût commencé son compliment, il avait pris la parole, et d'un ton bref, cassant, il s'était répandu en reproches violents contre la presse berlinoise qui, pendant son absence, n'avait point marqué, disait-il, toute la déférence désirable à la mémoire de son père.

Le magistrat fut abasourdi de cette réprimande. Il ne trouva rien à répondre, et tristement il reprit, avec ses compagnons, le chemin de la ville, où la nouvelle qu'il apportait produisit une véritable stupéfaction. Le fait est qu'on n'avait jamais vu rendre toute une population responsable du langage de quelques journaux. Aussi fut-on quelque temps à se remettre de cette alarme.

De leur côté, les feuilles incriminées protestèrent énergiquement contre l'accusation d'avoir manqué de respect à la mémoire de Frédéric III. Pour témoigner de leur sympathie pour l'Empereur défunt, elles opposèrent même, avec ensemble, au discours de Sonnenburg, dans lequel Guillaume a déclaré qu'il tenait les nobles « pour les plus purs de la nation », un rescrit de son père dans lequel celui-ci reconnaissait « que tous les citoyens étaient égaux à ses yeux. »

La riposte était acerbe; elle appartenait bien à la guerre d'escarmouches, perpétuelle à Berlin, où les grands combats sont défendus. Ces engagements de tirailleurs ne font de mal à personne, mais ils tiennent suffisamment le gouvernement et le public en haleine pour que ni l'un ni l'autre ne songe à se désintéresser des petits côtés de la politique.

Entre temps, et pour que le peuple de Berlin ne conservât point le souvenir pénible des dures paroles de l'Empereur, des ordres furent donnés pour activer l'aménagement des appartements impériaux au Château-Royal, ce qui indiquait une installation prochaine.

En effet, elle eut lieu peu de temps après; mais le déménagement se fit sans apparat. Guillaume II et sa famille arrivèrent à leur palais, un beau soir, comme des voyageurs qui débarquent à l'hôtel; on monta leur bagages dans leurs chambres et le lendemain seulement, les Berlinois connurent la présence du couple impérial, en voyant flotter, au sommet du dôme, le pavillon rouge, avec un aigle noir, qui n'y avait point paru depuis Frédéric-Guillaume IV, Guillaume I$^{er}$ ayant continué, pendant tout son règne, à résider en ville, dans sa petite maison.

# CHAPITRE III

## LES AMIS DE FRÉDÉRIC III

> « L'Empereur Frédéric III est, à propre-
> ment parler, *mort comme prince impérial.*
> Quand il fut appelé à régner, il n'avait plus
> la force de monter les degrés du trône et la
> couronne était trop lourde pour sa tête
> vacillante. Dans la mémoire de ses contem-
> porains, il vivra comme prince impérial et
> non comme empereur.
>
> (Extrait du *Petit Journal* de Berlin.)

*Frédéric III Empereur.*
*Le maestro Mackenzie. — Le dramaturge Geffcken.*
*Beaucoup de bruit pour rien.*

Ce qu'on ne pardonnera jamais à Frédéric III,
dans l'entourage du jeune Empereur, c'est d'avoir
régné. Toutes les précautions avaient été prises
pour que ce désagrément n'arrivât pas. Ce

qu'on voulait, c'est que Guillaume II succédât directement à Guillaume I<sup>er</sup>. Le premier avait fait dans ce but deux voyages à San Remo, qui ont été sévèrement jugés par l'opinion publique. Mais Frédéric avait tenu bon. Il voulait régner, et il a régné.

Aussi tous ceux qui lui tenaient de près furent-ils inquiétés après sa mort. Sir Mackenzie ouvrit la marche ; on a souvenir des calomnies dont on l'a chargé. Mais le docteur opposa un dédain tout britannique à ces morsures reptiliennes. Il continua, sans détourner la tête, sa carrière, se délassant de ses occupations professionnelles en composant de la musique ; car, ce qu'on ignore généralement, c'est que la notoriété médicale du médecin de Frédéric III se double d'un talent de musicien très remarquable. On a récemment exécuté aux concerts par abonnement, à Vienne, une ouverture de sa composition pour la comédie de Shakespeare, *Ce que vous voudrez*. D'après les journaux dévoués à l'Allemagne, — et Vienne en compte beaucoup — cette œuvre est d'une pauvreté d'imagination qui ne le cède qu'à l'inhabileté de la facture. Le reste de la presse viennoise faisait, au contraire, un éloge très flatteur de ce morceau. Ce n'est pas à Berlin qu'on a pu juger la question.

Puis vint le tour de Geffcken. On se rappelle les faits. Aussitôt après la publication du *Journal de l'empereur Frédéric III* dans la *Rundschau*, M. Rodenberg, directeur de cette Revue, questionné sur la personnalité de son collaborateur anonyme, s'empressa, par un procédé qui peut, à nous, Francais, paraître singulier, de nommer le conseiller Geffcken, ancien ami de l'éphémère empereur. Celui-ci ne se défendit nullement du fait dont on l'accusait. Bien plus, dans la quiétude de son esprit, et ne pouvant prendre au sérieux les menaces qui planaient sur sa tête, il quitta l'île d'Helgoland où le pavillon anglais protégeait son indépendance, pour gagner son logis de Hambourg, où il fut arrêté dès son arrivée.

Geffcken était accusé de crime de haute trahison. Son procès fut instruit avec éclat, et des déclararations accablantes devaient décider de son sort devant la haute-cour de Leipzig, lorsqu'on apprit, à la veille même des débats, que l'ancien confident de Frédéric III venait d'être mis en liberté, par suite d'une ordonnance de non-lieu.

Dans le public, on ne voulut point tout d'abord ajouter foi à cette nouvelle, car la veille encore, les journaux bien pensants se répandaient en invectives contre l'indiscret pourvoyeur de la *Rundschau*. Ils ne réclamaient point précisément la peine capitale, mais ils laissaient entendre que le châtiment serait en proportion du crime, c'est-à-dire excessif. Le prince de Bismarck n'avait-il pas, dans son rescrit à l'Empereur, fermé la porte à tout arrangement? Dans sa conviction, le fameux *Journal* était apocryphe; mais, fût-il authentique, que la personne convaincue d'en avoir communiqué le texte ne pouvait échapper à la loi de haute trahison, laquelle est inexorable.

Geffcken avait été arrêté le 29 septembre 1888; il fut élargi le 5 janvier suivant; c'était donc une prison préventive de 99 jours, juste la durée du règne de son ancien protecteur, qu'il venait de subir à la prison cellulaire de Moabit, à Berlin, où il était au secret.

C'était une rude épreuve pour un vieillard dont la santé n'était pas florissante. Aussi les sympathies ne lui ont-elles pas manqué, dans la classe moyenne surtout, où le souvenir de Frédéric III s'est conservé pieusement. Dans les zones combattantes, ces sympathies se doublaient d'une bonne pièce à jouer au Chancelier; aussi les plumes allaient-elles bon train dans les divers clans de l'opposition.

A l'annonce de la bonne nouvelle, ces plumes s'écrasèrent sur le papier, d'étonnement et de joie; car, pour avoir beaucoup écrit que le procès n'aurait pas lieu, l'on n'en croyait pas moins, au fond, qu'il suivrait son cours. Et voilà que l'événement donnait raison, subitement, à des oracles jugés de prime abord irréalisables. Pour le coup, c'était une victoire sans précédent dans l'histoire de la presse allemande. Aussi fallait-il voir de quel encens on couvrait les juges de Leipzig. Le meunier Arnolt ne se campait pas plus fièrement devant le Grand Frédéric, en refusant de lui vendre son moulin de Sans-Souci, que ne le faisaient, devant Bismarck, les potentats, petits et grands, de la presse anti-bismarckienne.

Depuis, le Chancelier a déclaré qu'il n'aurait pas eu l'idée de poursuivre la publication de la *Runds-chau*, s'il avait su, tout d'abord, qu'elle fût l'œuvre d'un aussi infime personnage. Pour ce dernier, son fils a voulu le faire interdire. On l'a fait passer pour fou, et on l'a consigné dans une maison de santé sur les bords du lac de Constance. Après plusieurs mois d'observation, les médecins de cet établissement ont déclaré que leur client était parfaitement sain d'esprit. Mais Geffcken n'en a pas moins été réintégré dans cette même maison, après une courte villégiature en terre libre.

Il n'est cependant pas aussi fou qu'on voudrait le faire croire. Comme le docteur Mackenzie, le confident de Frédéric III se console dans les délassements de l'esprit des épreuves endurées. Il écrit des drames et, tout récemment, la *Gazette de Westphalie* annonçait qu'il avait reçu des propositions d'un impresario de New-York pour aller monter dans cette ville sa dernière pièce, *Rodolphe de Souabe.*

Ainsi devait finir l'échauffourée du *Journal de Frédéric III.* Des flots d'encre ont été répandus sur ce document peu curieux, malveillant pour la France, dont on a fait une arme politique, et qui, dans l'histoire, portera pour épigraphe le titre d'une comédie de Shakespeare : *Much ado about nothing.*

*Un complice de Geffcken.*
*Sir Morier.*
*Déclaration du comte Herbert.*

Geffcken avait un complice supposé, M. de Roggenbach. Il ne fut pas, pour un moment, de pire ennemi de l'Empire que ce Roggenbach. Or, veut-on savoir ce qu'était ce personnage, pour lequel nous n'avons d'ailleurs, nous Français, à professer aucune sympathie? Au moment où l'Autriche était toute puissante, il fut l'un des plus ardents apôtres de la Prusse dans son pays de Bade; en 1866, tous ses efforts tendirent à détacher le Grand-Duché de la Fédération du Sud; en 1870, il a fait la campagne comme officier de la Landwehr; ensuite, il fut l'organisateur de l'université de Strasbourg, et finalement, il acclama comme le plus beau jour de sa vie celui de la résurrection de l'Empire allemand. Aujourd'hui, c'est un traître, un misérable, un fourbe, digne qu'on le confonde avec les Mackensie, les Geffcken et les Morier.

Pour ce dernier, les attaques de la presse allemande s'effondrèrent promptement devant la haute situation de sir Morier, qui est ambassadeur d'Angleterre en Russie. Son grand tort avait été d'être l'ami de Frédéric III; comme tel, il ne pouvait échapper à l'ostracisme dans lequel la presse reptilienne confond tous ceux qui ont fréquenté le père de Guillaume II. On se rappelle les faits : un beau jour, la *Gazette de Cologne* publia des lettres d'un major de Deine, où le diplomate anglais était accusé d'avoir averti Bazaine de la conversion à gauche du prince Fréderic-Charles.

Sir Morier le prit de très haut; il en appela à l'équité du comté Herbert, ministre des affaires étrangères, pour faire démentir dans l'officieuse *Gazette de l'Allemagne du Nord* ce qu'il appelait l'abominable invention de la *Gazette de Cologne;* mais le fils du Chancelier de l'Empire se déroba : il n'avait, disait-il, aucune action sur les journaux, et sa situation officielle lui interdisait même tout rapport avec eux.

Cette affaire fit grand bruit en Angleterre et en Russie, où elle n'augmenta pas les sympathies pour l'Allemagne.

*Un livre sur Frédéric III. — « L'Anglaise ».*
*Un cri du cœur.*

Dans le même temps parut un livre dû à l'inspiration de l'impératrice Victoria : *Frédéric III, prince héréditaire et Empereur.* Ce livre ne porte point de signature, mais on sait qu'il a pour auteur M. Renuel Zodd, un ancien ami du fils de Guillaume Ier, longtemps attaché à l'ambassade d'Angleterre à Berlin, et qui remplit actuellement les fonctions de secrétaire à la légation d'Athènes.

La veuve de Frédéric III a fait précéder ce *factum* d'une préface :

« J'avais tout d'abord songé, dit-elle, à rassembler quelques croquis que j'aurais accompagnés d'historiettes amusantes. Mais, hélas ! je n'ai jamais trouvé un moment de repos ni de calme pour mettre mon plan à exécution. Aujourd'hui, je renonce à mon projet. J'ai pu me rendre compte de la sympathie profonde dont mon mari fut l'objet en Angleterre pendant sa maladie, ainsi que des regrets qu'il a laissés dans mon pays; aussi je désire que son nom figure en tête de ce livre, que je dédie à la jeunesse anglaise... »

Puis, s'adressant à l'auteur :

« Je vous prie donc d'écrire à grands traits la biographie de mon époux bien-aimé. Vous l'avez connu, non seulement dans les jours heureux, alors qu'il était dans toute sa force et sa santé, mais encore dans sa dernière année, si triste, où la maladie jeta son ombre sur son existence si vite brisée. Personne n'est plus apte que vous à rédiger cette courte esquisse, destinée à faire connaître plus intimement au peuple anglais celui qui n'est plus. »

On se demandera si le choix d'un fonctionnaire anglais, joint à la destination du livre, publié en vue d'une œuvre de charité anglaise, au profit de laquelle il se vendait, étaient bien faits pour ramener à l'impératrice Victoria les sympathies allemandes qui, ce n'est un mystère pour personne, lui font souvent défaut. La crise même qui précéda le départ de « l'Anglaise » pour son pays natal n'intéressa personne. Elle était cependant de nature à piquer la curiosité publique.

Le départ annoncé pour le commencement de novembre avait été remis au 12. La veille, l'ex-impératrice, avec ses filles, avait pris congé de plusieurs personnes à l'église anglaise du parc de Montbijou. Mais elle ne partit pas à la date fixée.

De plus, son palais, sur la promenade des Tilleuls, vraie maison de deuil, qui, depuis la mort du maître, semblait abandonnée, malgré le drapeau rouge qui flottait sur son toit, prit soudainement une animation dont il semblait à jamais déshabitué. Le roi de Saxe et son frère, le prince Georges, venus pour assister à des chasses aux environs de Berlin, se présentèrent tout d'abord pour offrir leurs hommages à la veuve de leur ancien ami ; puis ce fut le tour du duc de Saxe-Cobourg-Gotha, que suivit de près l'Empereur en personne.

L'entrevue du souverain et de sa mère fut plus longue, de beaucoup, que celles qui marquent les visites habituelles de Guillaume II au palais de son père défunt. Dans le public, on crut qu'il s'agissait du mariage projeté du prince de Battenberg avec la princesse Victoria.

Cependant on se disait tout bas qu'il ne formait qu'un coin accessoire de la question. D'autres luttes, plus graves, avaient pour théâtre le milieu impérial. On parlait de papiers de Frédéric III détenus par sa veuve et dans lesquels le gouvernement voulait rentrer à tout prix. Toute la diplomatie intime fut mise en jeu pour atteindre ce but. Elle y parvint finalement, mais au prix de quels efforts, de quelle pression, de quelle rudesse!...

En arrivant à Windsor, le premier objet qui frappa la vue de l'impératrice Victoria fut un portrait de Marie Stuart. En l'apercevant, la veuve de Frédéric III ne put s'empêcher de s'écrier :

«Oh! Marie! Marie! si j'avais vécu de votre temps, on m'aurait déjà coupé la tête deux ou trois fois. »

# CHAPITRE IV

## A LA COUR DU ROI GUILLAUME

*Guillaume II, roi de Prusse.*
*Les deux aigles. — Le Chapitre de l'Aigle Noire.*
*Une modification héraldique.*
*Les mécontents.*

A la ville, Guillaume II est empereur d'Allemagne, mais au logis il redevient roi de Prusse. Chaque pierre de ses palais, chaque tableau de ses galeries, chaque tenture de ses salons lui parlent des rois, ses ancêtres, et chaque cérémonie dont il est le héros le rattache à la tradition des Frédéric I$^{er}$, des Frédéric-Guillaume I$^{er}$ et des Frédéric II.

La première fois que le jeune monarque, secouant

de son manteau les aigles impériales, parut à ses sujets revêtu de la pourpre des Hohenzollern, ce fut au Chapitre annuel des chevaliers de l'Aigle Noire.

La légende rapporte que l'Aigle Noire fut le bénéfice le plus clair que la Germanie retira du désastre de Varus. Lorsqu'Arminius eut détruit les légions du lieutenant d'Auguste, dans la forêt de Teutschberg, les vainqueurs se partagèrent comme butin les deux Aigles restées sur le champ de bataille. L'une était blanche et l'autre noire. Les Sarmates auxiliaires, qui furent plus tard les Polonais, gardèrent l'Aigle Blanche, et l'Aigle Noire échut aux Germains.

Dans la suite, les chevaliers de l'Ordre Teutonique l'apportèrent dans le Brandebourg, où les Hohenzollern s'en emparèrent, comme de tout le reste. Mais il était réservé au premier roi de Prusse de la remettre en lumière, en créant l'ordre de l'Aigle-Noire, la veille de son couronnement, à Kœnigsberg.

L'histoire a conservé le souvenir du faste déployé par Frédéric I<sup>er</sup> en cette occasion. Son habit, si chargé d'or qu'il avait peine à le porter, était garni de boutons en diamants valant chacun 3,000 ducats, et son manteau, que soutenaient plusieurs dignitaires, était retenu par une agrafe de 100,000 thalers. Depuis, tous les souverains qui ont régné sur la Prusse se sont préoccupés de conserver au Chapitre annuel de l'Aigle Noire son faste primitif. Guillaume I<sup>er</sup> a même, sous ce rapport, dépassé ses prédécesseurs, et son petit-fils, en présidant pour la première fois cette cérémonie, a tenu à montrer qu'il entendait ne rien changer aux traditions féodales de sa famille. Seule, l'Aigle elle-même, l'Aigle héraldique de Prusse, va, de son fait, subir quelques modifications. On la trouve trop haut sur pattes et l'on s'aperçoit qu'elle évoque l'image d'un hibou plutôt que d'un aigle. Le nouveau modèle est plus au goût du jour; il ressemble presque à un oiseau de mer.

Guillaume II a donc paru dans la salle des Chevaliers revêtu du costume de l'Ordre, comme au temps de Frédéric I<sup>er</sup>. Des hérauts d'armes et de nombreux pages le précédaient, portant sur des coussins les colliers et les insignes des nouveaux élus.

Ces derniers, parmi lesquels on remarquait le trio mélancolique composé de MM. de Friedberg, de Puttkammer et Simson, disgraciés de la veille, et pour lesquels l'Aigle Noire représentait la contre-marque de la retraite, ont prêté serment entre les mains du « roi », qui leur a donné l'investiture; puis tout le Chapitre s'est dirigé vers la salle de l'Ordre, aux sons des fanfares qui, se répondant de divers points, produisaient un effet pittoresque.

*Les Nobles. — Gentilshommes pauvres.*
*Guerre à l'habit noir.*
*Le nouveau costume de cour.*
*Un fonctionnaire récalcitrant. — Tous marquis!*

Le plus meurtri de l'aventure semblait être M. de Puttkammer.

Assurément l'Aigle-Noire était, pour l'ancien ministre de l'Intérieur, déjà chanoine du canonicat de Naumbourg (ce titre a naguère défrayé la malignité publique), une compensation à une disgrâce journellement pleurée, d'autant qu'on y avait joint un siège à la Chambre des Seigneurs; mais ce n'était pas cela seulement qu'ambitionnait M. de Puttkammer. On lui avait promis le titre de comte; mais au dernier moment on s'était ravisé, parce que, disait le rapport, « le candidat ne possède pas une fortune suffisante pour soutenir le rang que comporte une pareille élévation dans l'ordre nobiliaire. »

Ce qui serait partout un titre supplémentaire à la faveur d'un monarque est donc en Allemagne une cause d'empêchement, avec laquelle ne saurait transiger la sympathie même du souverain. Guillaume II est, on le sait, très soucieux de rendre à sa noblesse l'éclat et les privilèges dont elle jouissait sous les premiers rois de Prusse; aussi celle-ci s'efforce-t-elle de marquer, par une délimitation chaque jour plus accusée, l'espace qui la sépare du commun des mortels. Tous les nobles, cependant, ne semblent pas être dans une situation même aussi modeste que M. de Puttkammer. Il existe un annuaire de la noblesse prussienne, où l'on trouve les plus grands noms de la féodalité de l'antique Borussia. Par contre, quelques indications font tache dans cet armorial: un officier, en garnison à Metz, donne son adresse dans un café de la ville; une Quitzow, de la plus ancienne famille du pays, tient une Pension de Famille dans la *Charlotten-Strasse;* et un De Laval vend du drap, tout comme le père de Monsieur Jourdain.

A la Cour, tout le monde est noble, et soldat, cela va sans dire. Les jours de cérémonie publique seulement, on admet les habits noirs, encore ne tarderont-ils pas à disparaître.

Au temps où le souverain actuel n'était encore que le fils du prince-héritier, un invité à un cercle de la Cour se détachait en noir sur les brillants uniformes des généraux.

— Quel est ce monsieur? demanda dédaigneusement le prince Guillaume.

— Si Votre Altesse veut bien le permettre, je vais avoir l'honneur de le lui présenter.

— Ah mais non ! je veux seulement savoir qui il est.

— C'est le nouveau ministre de l'Intérieur.

— Ah !...

Et le prince, pour éviter de passer devant ce « monsieur », tourna brusquement sur ses talons et s'approcha d'un lieutenant de la garde, avec lequel il affecta de s'entretenir longuement.

Depuis, l'empereur Guillaume II paraît avoir modifié ses idées sur les civils, mais son aversion pour l'habit noir est restée. Plus d'habit noir ! tel est le cri qui retentit d'un bout à l'autre du Château.

Pour qu'on n'en ignore, le grand maître des cérémonies a rendu dernièrement une ordonnance par laquelle tous les invités de l'Empereur qui n'ont pas droit à l'uniforme, devront paraître dorénavant en costume de cour du temps de Frédéric I<sup>er</sup> : habit brodé, culotte courte, bas de soie, souliers à boucles, épée en verrouil et chapeau à plumes. Cet oukase a produit une véritable perturbation parmi les représentants du peuple, où chacun examine ses mollets avec crainte.

Sous Guillaume I<sup>er</sup>, alors roi de Prusse, pareille tentative avait été déjà faite, mais sans succès : les députés se montraient rebelles à la culotte courte.

Pour l'exemple, le président de la Chambre, qui était alors le comte Grabow, reçut l'ordre de paraître à une fête, en costume de cour, avec l'épée et le chapeau à trois cornes.

« Sa Majesté veut qu'il en soit ainsi », lui écrivait le comte Puckler, maréchal du palais. Mais ce dignitaire comptait sans l'obstination de son client. Plutôt que de se costumer en marquis de l'ancien régime, le comte Grabow s'enferma chez lui et se mit à la tisane. Le lendemain, il recevait cette lettre :

« Monsieur, j'ai ordre de Sa Majesté le Roi de vous dire que Sa Majesté a regretté de ne pouvoir s'entretenir avec vous hier soir, sans doute parce que vous vous teniez dans une pièce éloignée de la Salle Blanche. »

C'était une renonciation à l'habit de cour et la victoire définitive du pantalon sur la culotte.

La *Freisinnige Zeitung*, organe des progressistes, mène la campagne contre la nouvelle mesure. Le fait est qu'on se figure mal le gros M. Richter en souliers à la Dangeau, — et encore moins le tout petit M. Windthorst en habit à la Villeroy.

*La Fête des Ordres. — Un oublié.*
*Trône et fourneaux. — L'appétit des Hohenzollern.*
*La table de Frédéric-Guillaume I$^{er}$.*

Au Chapitre de l'Aigle-Noire succède, à peu de jours d'intervalle, la Fête des Ordres.

Ce jour-là, le roi de Prusse se fait le père de ses sujets. Il ne porte plus le manteau bordé d'or et garni d'hermine; il apparaît aux yeux de la foule comme un bon bourgeois, très décoré. Chacun peut s'approcher de lui, l'entretenir de ses affaires particulières et le remercier de vive voix de la distinction obtenue. De son côté, le souverain se montre accueillant et simple : avec la même grâce, il adresse la parole au fonctionnaire décoré de l'Aigle-Rouge, au maître d'école gratifié de l'Ordre de la Couronne, au vétéran récompensé tardivement par le signe du Mérite, ou même à l'humble valet de chancellerie mis de droit en possession de la boucle indicatrice de ses années de services. Guillaume I$^{er}$ excellait dans ces communications intimes; il tenait ce don de sa mère, la reine Louise, qui créa la Fête des Ordres, en 1810;

aussi faisait-il, en ce jour, ample provision de popularité. Guillaume II suivra-t-il les traces de son aïeul, sous ce rapport? La jeune cour prétend qu'il le dépassera; mais, dans le public, on attend une seconde épreuve pour se prononcer.

Quoi qu'il en soit, la première Fête des Ordres, sous le nouveau règne, s'est passée très brillamment. On a beaucoup admiré la bonne mine de l'Empereur, ainsi que les diamants de l'impératrice; et ceux que la munificence souveraine avait distingués se sont réjouis de l'impartialité qui avait dirigé son choix. La presse elle-même, chose rare, n'a pas été oubliée : le caissier et un garçon de bureau du *Reichsanzeiger*, journal officiel de l'Empire, ont eu part à la pluie de rubans qui s'est abattue sur Berlin pendant l'exercice 1888-1889. Mais comme en Allemagne il n'est pas de bonne fête sans mécontent, celui-ci, dans la circonstance, s'est incarné dans la personne de M. de Forkenbeck, bourgmestre de la ville de Berlin. Décoré le 5 mai 1888 par l'Empereur Frédéric III, ce premier magistrat n'a pas reçu d'invitation pour la Fête des Ordres. C'est un oubli d'autant plus impardonnable que tous les décorés de l'année, jusque dans les plus humbles sphères sociales, sont conviés à cette réunion. Aussi le public n'a-t-il pu s'empêcher de voir, dans cette exclusion, une marque nouvelle de l'ostracisme dirigé méthodiquement contre tous ceux qui ont eu quelque attache avec l'Empereur défunt.

La Fête des Ordres se compose principalement d'un banquet. Celui de cette année a présenté cette particularité qu'aucune main française n'a collaboré à son menu. C'était la première application de l'un des côtés du système d'épuration patriotique inauguré par Guillaume II. On sait que tous les cuisiniers français ont été, par ordre de l'Empereur, chassés de leurs fourneaux. Puis, on a décidé que les menus seraient dorénavant rédigés en allemand; et enfin, ceci ne suffisant plus, l'Empereur a pris lui-même la peine d'ordonner que ces menus fussent tracés en caractères allemands, de l'écriture dite de chancellerie.

Rien ne reste donc plus du service de bouche des anciens Hohenzollern, composé d'une légion d'artistes propres à maintenir le renom de leur table. Les vins de France ont également été bannis des agapes impériales, l'Empereur ne buvant que des vins allemands, comme il l'a déclaré solennellement dans un repas de caserne. Guillaume II ne partage pas en cela les goûts de son grand-père. On connaît la préférence de Guillaume Ier pour le champagne; il en buvait à tous ses repas une bouteille, et cela si passionnément que, dans ses derniers temps, son médecin, le docteur Lauer, lui fournissait, par un

pieux stratagème et sous des marques authentiques, une piquette mousseuse très inoffensive. Fré
déric le Grand voulut manger un homard tout entier
la veille de sa mort, et il le digéra facilement, grâce
aux artifices de ses cuisiniers. Si Guillaume II, ce
qu'à Dieu ne plaise, tombait malade, il ne pourrait
se livrer à semblable débauche, car la soupe à la
farine, les viandes avec des compotes, et les saucisses
longues et grosses, forment maintenant son ordinaire.

La vérité, c'est que le jeune souverain ne jouit pas
du bel appétit de ses ancêtres. On a souvenir du
petit pain qu'il grignotta, pour tout menu, lors du
dîner de gala, où l'Empereur François-Joseph, après
avoir fait montre d'une capacité tout à l'honneur de
la maison de Habsbourg, prononça le fameux toast
qui décida de l'alliance des deux souverains. S'il
continue son système d'abstinence, Guillaume II
finira par ne pas dépenser plus pour sa table qu'en
son temps Frédéric-Guillaume I$^{er}$, lequel ne s'accor-
dait que mille thalers par mois pour sa chère.

Il est vrai qu'en ce temps-là tout le monde fournissait à la table royale. Les fonctionnaires étaient
requis pour l'approvisionnement de l'office ; et c'était
à qui se distinguerait par l'envoi des meilleurs morceaux. Le Résident de Prusse à Hambourg écrivait,
à la date du 22 mars 1730 :

« Ayant appris que Votre Majesté professe un goût particulier pour les tourteaux de mer, je me permets, en toute humilité, vu la précocité de la saison, d'en envoyer six à Votre Majesté, ainsi qu'un cabillaud très frais, car il a été pêché hier seulement. »

Le roi répondit aussitôt :

« C'est bien ! Qu'il envoie maintenant un fort rôti de veau, dont la viande soit bien blanche. Et qu'il ait soin de le faire bien empaqueter, pour que le goût de l'enveloppe ne se communique pas à la viande. »

*La fête de l'Empereur. — Un prince rallié.*
*Le duc de Cumberland*
*et la succession du Brunswick.*
*Le prince de Battenberg et mademoiselle Loisinger.*
*Mariages morganatiques.*

A la fête de l'Empereur, la cuisine allemande a définitivement gagné ses lardoires. Il faut dire que tout l'Almanach de Gotha était présent. Aux premières réceptions, on avait pu constater des abstentions ; mais cette fois on n'en remarquait plus. Le prince régnant de Reuss, lui-même, vieil ami de Frédéric III, et qui, pour des raisons à lui particulières, n'avait pas cru devoir faire partie de la gerbe printanière qui entourait Guillaume II à l'ouverture du premier Reichstag, était accouru. Le temps était déjà loin où il avait refusé d'élever une statue à l'Empereur Guillaume I$^{er}$ dans sa capitale, faute de place, disait-il.

Seuls, les mécontents et les indépendants manquaient à la fête. Parmi les premiers, il convient de citer le duc de Cumberland, fils du feu roi de Hanovre.

Que veut-il, ce duc de Cumberland? Oh! le Brunswick seulement. N'a-t-il pas, dans une lettre rendue publique et datée de janvier 1879, déclaré au dernier duc de Brunswick qu'il reconçait à tous ses droits sur le Hanovre, pour lui succéder dans son duché? Il est vrai que trois mois auparavant, il avait non moins solennellement pris la reine d'Angleterre à témoin que jamais il n'abdiquerait ses prétentions sur le royaume de son père. De sorte qu'on ne sait au juste quelles sont ses vues et même s'il a des vues. Mais ce qu'on sait bien, c'est que son implacable adversaire, le prince de Bismarck, ne le laissera régner ni en Hanovre, ni en Brunswick; il l'a déclaré très nettement à la reine Victoria, lorsque cette souveraine est venue à Berlin pour chercher à faire exécuter les volontés suprêmes de son gendre agonisant.

Plus libre d'allures est le prince Alexandre de Battenberg, un indépendant celui-là. Cet hiver encore on le représentait courant les palais et les chancelleries pour intéresser Pierre et Paul à ses projets de restauration et de mariage royal. A Vienne, l'Empereur lui rendait sa visite et ne le trouvant pas à son hôtel, il lui laissait sa carte. De son côté, la duchesse de Cumberland s'employait à lui faciliter un rapprochement avec la Russie, et il n'est pas jusqu'au prince de Bismarck qui ne laissât percer de bonnes intentions à l'égard du petit Battenberg, qu'il considérait, comme il l'a dit souvent, comme un pion sur son échiquier.

Et voilà que tout s'est envolé d'un souffle de la jolie bouche de la petite Loisinger. O politique! ô royaumes! ô peuples! que vous pesez peu quand la femme apparaît... Elle est jolie, cette petite Loisinger. On l'a vue pendant quelques soirs à Berlin, où elle a joué entre autres, le rôle de la reine des *Huguenots*, sous le nom de mademoiselle Lhoma, pour se distinguer de mademoiselle Leisinger, à laquelle la complaisance injustifiée de MM. Ritt et Gaillard a créé une toute-puissance en Allemagne. Cette courte apparition a suffi pour ratifier, dans la suite, le choix du prince Alexandre. Mais on ne

pense pas de même dans l'entourage de l'ancien
souverain de Bulgarie. Tous les Battenberg ont été
malades du coup que leur a porté ce mariage; un
moment, ils ont même songé sérieusement à changer
de nom.

Nulle famille n'est pourtant plus coutumière des
mariages morganatiques que la maison de Hesse, à
laquelle appartiennent les Battenberg. La mère du
prince, qui s'est évanouie en apprenant la détermination de son fils, est une comtesse polonaise qui
n'a rien de royal ni même de ducal dans le sang;
son cousin, le grand-duc actuel, Louis de Hesse, a,
dans le temps, épousé la femme divorcée d'un secrétaire d'ambassade russe; enfin un autre cousin, le
prince Henri, a uni ses jours à ceux d'une baronne
de petite lignée. Quant aux cantatrices et aux dan-
seuses mariées à des princes allemands, elles se
comptent par vingtaines dans l'*Almanach de Gotha*.
Les Reuss seuls en indiquent deux; l'archiduc Henri
de Habsbourg est le mari de mademoiselle Hofmann,
qui a joué sur un petit théâtre de Vienne, et le duc
régnant de Saxe-Meiningen coule des jours heureux
avec mademoiselle Ellen Franz, qu'il a présentée à
l'Empereur et à l'impératrice.

Il est peu probable que mademoiselle Loisinger
recherche cette faveur. Le comte et la comtesse de
Hartenau vivent trop heureux dans leur retraite

pour songer à se retremper dans l'atmosphère des cours, alors qu'ils ont eux-mêmes porté tous deux la couronne, le comte à Sofia, et la comtesse... à Chenonceaux.

Le duc d'Edimbourg.

Le Schah de Perse à Berlin. — Une page de son journal.

Un village incendié.

Les couronnes de Nasser-ed-Din.

Le français à la cour de Prusse.

Tous les princes ne montrent pas le même éloignement pour le pouvoir, témoin le duc d'Edimbourg. Celui-là vise l'héritage du duc de Saxe-Cobourg-Gotha, qui n'a aucun descendant direct.

Le second fils de la reine d'Angleterre est donc venu faire ses dévotions à Berlin pour obtenir le consentement de l'Empereur. Il s'y trouvait en même temps que le Schah de Perse, pour lequel on a donné quelques fêtes intimes.

Ce n'était pas la première fois que le « Roi des Rois » venait à Berlin. On l'y a vu à deux reprises, d'abord en 1873, où l'Empereur Guillaume lui fit une brillante réception, puis en 1878, où sa visite n'eut aucun caractère officiel. L'Empereur se borna, cette fois, à lui donner audience, et c'est même en sortant en voiture, après cette réception, qu'il faillit être victime de l'attentat de Nobiling. En apprenant cette nouvelle, le Schah fut tellement impressionné qu'il demeura deux jours sans se montrer, même aux gens de sa suite. Puis il partit pour Wiesbaden, où il résida pendant une semaine.

On sait que Nasser-ed-Din a publié ses impressions de voyage en revenant dans ses États. Pour fêter son retour en Allemagne, les journaux de Berlin ont cru devoir publier quelques fragments plus ou moins authentiques de cette œuvre. Naturellement l'enthousiasme du Schah pour tout ce qui touche l'Allemagne tient du délire. Aucun homme n'est plus beau, plus magnifique que le Pasdischa des *Remses* (des Allemands), le *magacfer* des *Fremgis* (le vainqueur des Français). « A côté de ce géant, dit Nasser ed-Din, j'avais l'air d'un nain, et pourtant, chez moi, l'on me compare aux arbres gigantesques du Liban. »

Le *valicht* Frédéric a ensuite part à son admiration, ainsi que les enfants de la fille des *Harachinen* des *Inglesi* (des seigneurs des Anglais). Ceux-là sont des géants. Quant au *sader-azam* Bismarck, sa taille dépasse tout ce qu'on peut imaginer. Les *sepah selas* (les maréchaux) Frédéric-Charles et de Moltke

3.

complètent l'ensemble éblouissant que Nasser-ed-Din a sous les yeux.

Malheureusement, les dames réunies dans le salon du Palais viennent détruire le charme qui le tient :

« Il faut donc qu'on trouve des femmes partout, en Europe ! » s'écrie-t-il.

Peu galant, le Roi des rois.

Ses relations de voyage seront-elles, cette fois, aussi tendres pour l'Allemagne, il est permis d'en douter ; car on l'y a reçu sans cérémonie et même assez lestement. Il est a remarquer, d'ailleurs, qu'avant son arrivée à Paris, l'on s'est renvoyé Nasser-ed-Din, d'État à État, comme une balle dont on ne savait que faire. Tout d'abord, il avait manifesté le désir de prolonger son séjour à Saint-Pétersbourg, mais on lui avait fait comprendre que Varsovie l'attendait. Puis ce fut le tour de Wilna, où le Schah planta sa tente en attendant le bon plaisir de Guillaume II.

A Berlin, il fut quelque peu délaissé pour le duc d'Édimbourg. Le lendemain même de son arrivée, des exercices de tir à longue portée eurent lieu en l'honneur du prince anglais. On avait représenté tout un village, avec ses maisons et son clocher, qu'on a canonné et incendié, comme un simple Bazeilles. Toute la cour assistait à ce régal. Seul, Nasser-ed-Din manquait à la fête ; il était allé, pendant ce temps, déposer des couronnes sur les tombes de Guillaume I<sup>er</sup> et de Frédéric III.

Ces couronnes étaient ornées d'inscriptions en français, ce qui ne dut pas être du goût de Guillaume II, qui abhorre le français, et en général tout ce qui n'est pas allemand.

Mais quoi qu'il puisse dire et faire, l'influence étrangère n'est point près de disparaître de la cour de Prusse. Un exemple, entre tous : L'empereur, ayant porté un toast en allemand au Shah de Perse, celui-ci répondit par quelques paroles bien senties en persan, qu'un interprète s'empressa de traduire en *français*, tandis que la musique entonnait l'air national *God save the Queen*, que les Allemands se sont approprié sous le titre de *Heil dir im Siegeskranz*, et dont la musique est de l'Italien Lully, qui le composa pour les demoiselles de Saint-Cyr.

*Un mariage princier. — L'étiquette à la cour.*
*La marche aux flambeaux.*

Les réceptions pompeuses faites aux souverains qui sont venus rendre sa visite à Guillaume II ne sont pas du domaine de ce chapitre. Elles se sont partagées entre des spectacles militaires et des conférences diplomatiques qui trouvent leur place sous d'autres rubriques. Tout autres se présentent les cérémonies qui ont accompagné le mariage du prince Frédéric-Léopold de Hohenzollern, fils de Frédéric-Charles, avec la princesse Louise de Schleswig-Holstein, sœur de l'impératrice. Là, nous retrouvons la cour de Prusse, avec son étiquette et ses traditions.

Le carrosse même dans lequel la princesse a fait son entrée à Berlin constitue un souvenir historique : c'est celui qui servit, dans les mêmes circonstances, à la reine Louise, en 1793. Puis eurent lieu des défilés et des cercles de cour renouvelés du temps de Frédéric I$^{er}$, le fastueux et scrupuleux imitateur de Louis XIV. Le mariage fut une succession de révérences réglées d'avance, et le tout se termina par la traditionnelle marche aux flambeaux, aux sons de la musique de Meyerbeer.

Cette marche, ou plutôt cette promenade cadencée, remonte aux premières années du siècle dernier. On a publié la relation de celle qui accompagna le mariage du prince Auguste-Guillaume, frère du grand Frédéric, avec une princesse de Brunswick. Le jour de la cérémonie, le roi remit à la nouvelle mariée une couronne de paille et lui tint un discours, où il prônait la soumission de la femme à son mari. Puis, les plus grands du royaume prirent en main des flambeaux et parcoururent tout le château, suivis de la cour, également fournie de flambeaux, afin de s'assurer que la maison était bien nette et que le jeune couple y pouvait trouver repos et sécurité.

Depuis, l'usage de la couronne de paille a disparu ; mais celui de la promenade est resté. Ce sont les ministres qui tiennent les flambeaux ; ils s'en acquittent avec un grand sérieux. Au mariage du prince Albrecht, en 1873, ils avaient nom Bismarck, de Roon, de Uhden, de Schleinitz, d'Itzenplitz, d'Eulenbourg, Léonhadt, Camphausen, Delbrück, de Stosch, Falk, de Zamaké.

La mort et la disgrâce ont fait des ravages dans ces rangs. A la dernière cérémonie des flambeaux, on ne comptait plus aucun des ministres de cette époque, — pas même le prince de Bismarck, en villégiature à ce moment.

Le grand Chancelier va peu à la cour de Guillaume II. C'est le souverain, maintenant, qui va chez lui.

# CHAPITRE V



*Ouverture du Reichstag. — M. Liebknecht.*
*On parle de l'Alsace.*
*Une séance orageuse. — Les associations militaires.*
*Un pot aux roses. — Le juif Bleischrœder*


Aussitôt après son arrivée à Berlin, l'Empereur ouvrit solennellement le Reichstag.

Le principal projet de loi inscrit à l'ordre du jour de la session était celui relatif aux pensions à répartir uniformément parmi les invalides du travail, autrement dit l'assurance obligatoire de l'ouvrier, consentie par l'État et dirigée par lui.

C'était une de ces lois chères à M. de Bismarck,

depuis qu'en haine des socialistes il s'est fait socialiste lui-même. Aussi les travailleurs ne voyaient-ils
pas de bon œil cette nouvelle manifestation du protectorat officiel. Leurs députés se proposaient de
combattre vigoureusement le projet. En attendant,
ils se firent la main dans les divers débats qui pré-
cédèrent.

Ce fut M. Liebknecht qui ouvrit le feu : c'était à
propos du budget. On ne vit pas sans étonnement
l'élu de la 6e Circonscription de Berlin se lever et
sur toutes choses parler d'abondance, avec une
chaleur dont la Chambre, malgré son hostilité, ne
pouvait se défendre de recevoir le rayonnement.

Assurément on a ri, comme on rit toujours
quand M. Liebknecht prend la parole; mais cer-
taines phrases ont porté quand même. Au moment
où le vieux lutteur a rappelé sa protestation et ses
prédictions lors de l'annexion de l'Alsace, un malaise indéfinissable s'est emparé de la Chambre.

C'est qu'on n'aime pas à entendre parler de l'Alsace, en Allemagne. Ouvrez les journaux, il n'en est
presque jamais question. De même, dans les discus-
sions parlementaires et dans les cercles privés.
Pour nombre de gens, l'Alsace est un mal avec lequel
il faut vivre ; mais souvent on ajoute tout bas :
« Ah ! si c'était à refaire ! »

Après M. Liebknecht, M. Bebel.

Ah ! ce fut une chaude journée que celle où le bouillant apôtre du socialisme militant prit la parole, et où défilèrent, chargeant à fond de train le ministre de la guerre, et M. Richter, et M. Stœcker et M. Rickert, j'en passe et des plus remuants, tous porte-fanions des compagnies les plus belliqueuses.

Il ne s'agissait pourtant que d'un tout petit coin du budget de la guerre, celui relatif aux associations amicales d'anciens militaires.

Ces associations couvrent l'Allemagne. Il n'est pas une cérémonie publique, une fête locale, un concours de chant ou de gymnastique, où l'on ne voie surgir un ou plusieurs groupes de ces vétérans, en chapeau haut de forme et en redingote noire, avec une écharpe en sautoir, s'avançant, musique en tête, drapeau déployé, l'air très infatué de leur importance. Et, de fait, ils sont les héros de ces réunions. La foule les acclame au passage ; les jeunes gens saluent en eux les anciens, dont on a conté les prouesses ; et les mères soulèvent leurs enfants à bout de bras, pour leur montrer ces vieux hommes qui ont vu le feu des batailles.

On comprend le parti que le gouvernement cherche à tirer de cette organisation qui ne lui coûte rien et peut, à l'occasion, lui rendre de signalés services.

Malheureusement, le mauvais vent des passions politiques a passé sur ces têtes vénérables. Des gens de partis se sont efforcés d'attirer à eux ces forces électorales, et dans plusieurs cas ils ont réussi, ce qui a inspiré aux ministres de la guerre et de l'intérieur la pensée d'interdire la politique aux compagnies de vétérans,

Mais cette défense est plus facile à libeller sur le papier qu'à faire entrer dans l'esprit des intéressés. Aux injonctions des autorités, les vieux soldats répondent : « Nous avons payé notre dette, nous aimons notre patrie, nous servons d'exemple aux jeunes gens, le reste ne vous regarde pas. » D'où conflit.

Et quel conflit ! Ah ! le vilain quart d'heure pour l'ancien ministre de la guerre, le général Bronsart de Schellendorf ! Tous les moyens ont été bons pour le combattre. Insinuations perfides, questions indiscrètes, démentis sur démentis, en un mot tout l'arsenal des petites lâchetés parlementaires se sont abattus sur la tête du vieux guerrier. Il se démenait à son banc et s'efforçait de tenir bon à l'orage ; mais ils étaient trop. Un moment surtout, la mêlée est devenue générale. Il s'agissait de savoir si un officier, qui avait porté la parole dans une réunion de vétérans, était ou n'était pas en uniforme.

Il était en uniforme, disaient les uns. — Il n'était

pas en uniforme, criaient les autres. — Le débat a duré un quart d'heure au moins.

Puis on a découvert un gros pot-aux-roses : dix mille marks donnés par le banquier Bleischrœder, pour obtenir le désistement d'un candidat désagréable dans la cinquième Circonscription de Berlin.

Bleischrœder est cet honnête homme qui fixa notre rançon nationale, en 1871, après avoir entretenu le prince Frédéric de l'incapacité des Français en affaires, — ceci figure dans le fameux journal si cher à quelques âmes sensibles.

Aujourd'hui, ce personnage reçoit le coup de pied de ses compatriotes ; c'est bien fait.

— Les dix mille marks n'ont pas été versés, dit l'un. — Ils ont été versés, dit l'autre. — A qui? — A une œuvre de bienfaisance? — Laquelle? — Je l'ignore. — Alors ils se sont égarés en route.

Le pasteur Stœcker, père de l'anti-sémitisme, le prend de très haut :

— Les conservateurs, dit-il, sont au-dessus de tout soupçon.

M. Bœckel, autre anti-sémite, appuie la déclaration de son chef de file.

M. Richter :

— Mais enfin, ces dix mille marks ont été remis à

votre comité pour obtenir le désistement de
M. Kremer.

M. Bœckel :

— Je ne connais pas M. Kremer, et je connais encore moins M. *de* Bleischrœder..., *je ne fréquente
pas les Juifs.*

Donnez donc dix mille marks pour qu'on vous
traite en marchand de lorgnettes.

*Les idées de M. Bebel.*
*L'armée socialiste. — La Marseillaise à Berlin*
*La Fête de la Victoire.*

M. Bebel est, de tous les socialistes allemands, le
plus connu chez nous. Il doit à ses aphorismes,
marqués au coin du bon sens, plus qu'à ses ou-
vrages, que nous ne lisons guère, cette popularité,
dont nous ne sommes plus aussi prodigues qu'autrefois envers les étrangers, envers les Allemands
surtout. Le fait est que ce penseur, doublé d'un
tribun, a souvent, et avec bonheur, résumé toute
une question en quelques mots.

— La guerre, s'écriait-il un jour, a disparu d'abord
entre les familles, puis entre les villes, et plus tard

entre les provinces ; nous voulons maintenant la
supprimer entre les États. Croit-on qu'un paysan
de la Poméranie, à qui l'on offrirait de se laisser
couper la jambe, sous la promesse que ce sacrifice
vaudrait à un prince qu'il n'a jamais vu un morceau de terre qu'il ne connaît pas, accepterait un
tel marché ?

Dans la séance qui nous occupe, il n'a point
parlé de guerre, bien qu'il n'y fût question que de
guerriers ; mais comme à un passage de son discours le ministre haussait les épaules en disant que
le socialisme ne méritait pas qu'on s'y arrêtât un
seul instant, l'orateur, piqué au vif, a rappelé que
lui et ses collègues étaient nommés par 730,000
électeurs, et que, sur ces 730,000 électeurs, les deux
tiers au moins étaient sous le coup du service militaire.

C'est là un nombre avec lequel il faut compter,
et c'est ce qu'on a fait. Les menées socialistes causent
plus d'inquiétude au pouvoir qu'il ne veut le laisser
paraître, et ses manifestations jettent le trouble
dans tous les esprits. Quelques ouvriers ayant, un
soir du dernier hiver, imaginé de se promener dans
les rues de Berlin, en chantant la *Marseillaise*, au
sortir d'une réunion de la Tonhalle, où le député
socialiste Paul Singer s'était fait entendre, toute la
population fut prise du vertige de la peur. On crut

qu'on allait avoir la répétition des scènes épiques
qui marquèrent une réunion fameuse.

C'était en mars 1886, un dimanche. Les socialistes de Berlin avaient été convoqués, par cartes
distribuées clandestinement, à une « Fête de la Victoire », à Schildhorn, dans le Grünewald, site favori
des Berlinois pendant la belle saison. Il s'agissait
de commémorer les succès remportés aux élections
récentes. C'est un usage assez fréquent, chez les
socialistes de Berlin, que ces parties de campagne
qui leur permettent de se réunir en masse, alors
que tout local leur est fermé dans la ville.

Le rendez-vous était sur la route de Spandau, à
la lisière du Grünewald, dans une vaste brasserie,
avec jardin. A dix heures du matin, plus de dix
mille hommes s'y rencontraient ; la police s'y trouvait également en force ; mais cette circonstance
n'empêcha point la foule de se former en colonnes et
de se mettre en marche, précédée et suivie par des
agents qui avaient l'air de lui faire une escorte d'honneur. On suivit les routes du bois, couvertes de
neige, en chantant la *Marseillaise* et d'autres chants
séditieux, pour arriver, au bout de deux heures, a
Schildorn..., où l'on trouva tous les restaurants
fermés et gardés par la gendarmerie.

Pour qui connaît les mœurs gambrinales de l'Allemagne, on peut se faire une idée des imprécations

et des colères que fit naître cet immense désap-
pointement. Par esprit de vengeance, quelques
artistes modeleurs, placés à l'avant-garde, se mirent
à pétrir avec de la neige un bonhomme gigantesque,
représentant le prince de Bismarck, et placèrent un
drapeau rouge sur sa tête.

A ce moment, la police, qui était restée neutre
jusque-là, se mit en devoir d'intervenir ; des gendarmes à cheval, postés sous bois, arrivèrent à la
rescousse et firent une charge, sabre au clair ; un
grand nombre de manifestants furent blessés, et
plusieurs agents de police reçurent des contusions
sérieuses. Dans la foule, ce fut une débandade générale. Alors, tout ce monde se sauva dans la direction de la ville. Quand elle y parvint, par la porte
de Brandebourg, les bons bourgeois, qui remplis-
saient la promenade des Tilleuls, s'enfuirent comme
si la prairie brûlait derrière eux. De sorte que Berlin, pendant toute l'après-midi et jusque fort avant
dans la soirée, offrit l'image d'une foule affolée, courant sans savoir où elle allait, se croisant sur tous
les points et bousculant tout sur son passage.

Ce sont ces désordres dont on veut, à tout prix,
éviter le retour. Le gouvernement et la police s'y
emploient de toutes leurs forces, ce qui ne les empêche pas, pour tenir le bourgeois en haleine,
d'agiter volontiers à ses yeux le spectre socialiste.

*Les origines du parti socialiste.*
*L'attentat de Haedel. — Les proscriptions.*
*Préparatifs pour les élections prochaines.*
*Une prédiction d'Henri Heine.*

On ne peut méconnaître l'effrayante rapidité avec laquelle s'est développée l'organisation socialiste chez les Allemands. C'est de 1872 seulement que date ce mouvement, encore que les candidats socialistes aient obtenu trois mille voix, dès 1867. Les réunions ouvrières étaient alors peu nombreuses, indécises, sans lien. Lassalle vint d'abord avec son plan de fédération générale. Puis, Hasenclever, prenant en mains les éléments divers dont il pouvait disposer, les réunit et les assimila par une propagande active et suivie. Une discipline jusqu'alors inconnue cimenta ce premier faisceau, qui bientôt devint légion. Les grandes grèves des maçons, des charpentiers, des cordonniers ne tardèrent pas à donner la force des mesures acquises, et les noms des frères Kapell, des Krotkau, des Schmitz devinrent promptement aussi populaires que le sont aujourd'hui ceux des Bebel, des Liebknecht et des Singer.

Le gouvernement s'émut de cet état de choses. Il cherchait le moyen de se défendre et s'apprêtait à faire voter des lois spéciales, lorsque l'attentat de Haedel vint, en 1878, lui offrir l'occasion d'user de mesures d'exception.

Une série de proscriptions se produisit aussitôt. Les journaux socialistes furent supprimés; les chefs de parti furent expulsés (on ne compta pas moins de six cents expulsions); le petit état de siège, proclamé dans les grandes villes, livrait les ouvriers à l'arbitraire du gouvernement; un espionnage sans égal fut organisé; enfin, les réunions publiques furent interdites.

En un mot, aucune vexation ne fut épargnée aux socialistes, depuis 1878 jusqu'au moment présent. En 1887, le gouvernement, en vue des élections, redoubla de rigueurs, comme il le fait encore actuellement, à l'approche du prochain renouvellement du Reichstag; les électeurs socialistes durent, à cette époque, voter sans entendre leurs candidats; ils n'en envoyèrent pas moins dix députés au Parlement, avec le chiffre de voix qu'on connaît.

Pour la période électorale qui va s'ouvrir, les socialistes décuplent leur forces, ce qui leur assure une victoire éclatante. Cette activité dépasse tout ce qu'on a vu jusqu'à présent en ce genre. Les caisses des ouvriers qui se sont mis en grève à la fin de l'hiver, dans un grand nombre de villes industrielles, pour obtenir une augmentation de salaire, sont alimentées au moyen de quêtes toujours productives. Partout des associations ouvrières nouvelles se fondent pour préparer les élections. Déjà, de nombreuses candidatures sont posées dans les anciens centres du mouvement révolutionnaire; mais ce qui caractérisera surtout la lutte à laquelle nous assisterons bientôt, c'est que les socialistes chercheront à la transporter non seulement dans les petites villes, mais dans les campagnes. La propagande par brochures très succinctes, ayant pour but de dénoncer la politique égoïste des grands propriétaires fonciers et de bien convaincre les agriculteurs et les petits propriétaires que les socialistes ne poursuivent pas le but que leur prêtent leurs adversaires « de se partager purement et simplement le bien d'autrui », se fait sentir en Poméranie et dans le Mecklembourg; elle ne tardera pas à s'étendre à toute l'Allemagne.

Ces renseignements sont pris à plusieurs sources. Une portion provient du discours de M. Bebel, au dernier Congrès Ouvrier de Paris. En sortant de cette réunion, le chef incontesté de la démocratie socialiste allemande s'est rendu, en compagnie de quelques coreligionnaires, au cimetière Montmartre, pour y déposer une couronne sur la tombe d'Henri Heine.

Cet hommage était bien dû à l'auteur d'une prophétie qui a fait grand bruit en son temps. Le chantre des *Reisebilder* prédisait le rétablissement de l'Empire allemand, mais il ajoutait :

« Cet empire, à peine unifié, ira rapidement à sa perte, et son écroulement sera le résultat d'une révolution politique et sociale amenée par les philosophes et les penseurs. Les Kantistes ont déjà extirpé les vestiges du passé ; les disciples de Fichte auront leur heure et imposeront leur fanatisme. Mais les plus redoutables seront les communistes qui s'identifieront avec les forces originales de la nature, et qui évoqueront les traditions du panthéisme germanique. Alors ces trois chœurs entonneront ensemble un chant révolutionnaire qui fera trembler la terre, et il s'ensuivra pour l'Allemagne un drame auprès duquel la Révolution Française n'aura été qu'une idylle. »

L'Empereur Guillaume II, qui n'a pas les mêmes motifs que M. Bebel d'honorer Henri Heine, a défendu qu'on lui élevât une statue dans sa ville natale.

Cette décision a été très blâmée en Allemagne.

*Un journal poursuivi.*
*La loi de protection pour les invalides du travail.*
*Impopularité de cette loi. — Nouveaux partis.*
*M. de Bismarck paye de sa personne.*
*La loi est votée. — Un député courtisan.*

Dans ces conditions, il n'est pas étonnant que la guerre contre les socialistes ait pris, sous le nouveau maître de l'Allemagne, un degré d'acuité qui surenchérit sur tout ce qui avait été fait jusqu'ici. Les condamnations sont devenues plus nombreuses que jamais, et l'on poursuit tout ce qui semble se rapprocher de la secte maudite.

Sous un prétexte très vague, la *Volkszeitung*, organe populaire, comme son nom l'indique, a été supprimée pendant un moment, et il n'a fallu rien moins, pour faire cesser cet acte d'arbitraire qu'un discours de M. Rickert, député progressiste. On sait pourtant que les progressistes sont loin de fraterniser avec les socialistes.

Or, M. Rickert était dans le vrai en affirmant que l'article incriminé de la *Volkszeitung* n'avait aucune allure socialiste ou communiste. Il aurait même pu ajouter que ce journal ne représente en aucune façon le parti socialiste. C'est une feuille radicale dirigée par M. Mehring, lequel s'est attiré la malédiction de tous les socialistes allemands par un livre publié il y a quelques années. Mais telle est l'aveugle colère des gens en place contre les disciples de MM. Bebel et Liebknecht, qu'ils croient trouver leurs traces partout et mettent volontiers dans le même sac anarchistes, socialistes et progressistes. Le Conseil Fédéral partage cette manière de voir. Aussi, pour activer le mouvement de défense sociale, travaille-t-il sans relâche à la préparation des mesures propres à remplacer la loi contre les socialistes. Mais quelle que soit sa diligence, on n'ose pas espérer qu'il ait fini sa tâche avant longtemps.

Pour l'Allemagne officielle, le vrai, le seul socialisme, c'est le socialisme d'État, et la loi des invalides du travail, qui vient d'être votée, est le dernier mot du *Credo* social.

Ce n'est point sans peine que le gouvernement a emporté ce vote. M. de Bœtticher, qui avait déposé le projet de loi, avait fait de son adoption une question de cabinet. Il s'en est fallu de bien peu que le ministre cher à M. de Bismarck, et son élève, ne rentrât dans la vie privée.

Au cour des débats qui n'ont pas duré moins de

4.

cinq mois, de décembre 1888 à mai 1889, avec des intermittences, de nombreuses protestations arrivèrent de tous les coins de l'Empire, et cela de la part de gens tout à fait en dehors du mouvement socialiste, et faisant partie de divers groupes politiques. Au mois d'avril, l'association des agriculteurs de la Prusse occidentale, composée en majeure partie de conservateurs, votait à l'unanimité, moins trois voix, un ordre du jour repoussant le projet de loi.

Ce refus, longuement motivé, spécifiait que la loi projetée ne répondait ni aux besoins ni aux intérêts des ouvriers et des patrons, qu'elle menaçait financièrement la prospérité de la province, qu'elle établissait une confusion entre l'agriculture et l'industrie au dépens de la première, qu'elle augmenterait la rareté de la main-d'œuvre, qu'elle donnerait un nouvel aliment aux plaintes qui s'élèvent de toutes parts, et finalement que le mécanisme compliqué de la loi ne convenait pas aux agriculteurs, qui ne sauraient utiliser avec avantage un outil dont ils ne comprendront jamais l'emploi.

L'association des agriculteurs de la Prusse orientale, composée surtout de progressistes, et dont le siège est à Kœnigsberg, votait peu de temps après dans le même sens. A Dantzig, un meeting de protestation couvrait d'opprobre M. de Bœtticher. En un mot, d'un bout à l'autre de la Prusse, pour ne pas dire de l'Allemagne, l'impopularité de la loi d'assurance se manifestait bruyamment. Elle ne satisfaisait personne, parce qu'elle ne répond à aucun besoin et qu'elle forme en plus un système de surveillance et d'investigations qui indispose tout le monde contre elle.

A Berlin, le public se désintéressait peu à peu de la question ; elle avait duré trop longtemps. Après les vacances de Pâques, la réouverture du Parlement se fit sans bruit. Les députés étaient en petit nombre et les tribunes offraient l'image d'un désert. La seconde lecture, puis la troisième, se firent sans bruit, mais en ne laissant pas que d'inquiéter en haut lieu, plus que jamais, sur le résultat final. Un parti nouveau venait de se former, le parti de la *Gazette de la Croix*, né des attaques dirigées contre ce journal à l'instigation du Chancelier ; d'autre part, un groupe avait spontanément surgi, sur l'initiative du comte de Mirbach, qui a, paraît-il, personnellement à se plaindre du prince de Bismarck. Ces fractions, jointes aux progressistes, aux socialistes, aux Polonais, aux Guelfes et aux Alsaciens formaient une opposition formidable.

C'est alors que M. de Bœtticher fit appel au Chancelier pour emporter la position.

Ce fut une curieuse séance que celle où le prince
de Bismarck prit la parole. Il avait donné si peu
cette satisfaction au public, toujours avide de l'entendre, pendant la session qui venait de s'écouler,
qu'on pouvait supposer qu'il avait à jamais renoncé
aux speeches émouvants, dont il fut naguère si
prodigue.

On eut une désillusion. C'est qu'aussi l'homme
se fait vieux. On l'entend à peine ; il bredouille en
parlant ; le geste seul indique les phases de son
improvisation, et encore est-il peu significatif. On
n'a donc connu véritablement le discours du Chancelier que par les journaux. C'était l'œuvre d'un ministre irrité contre tout le monde et contre lui-
même. Aussi l'avis général fut-il que le prince
n'avait pas rendu un grand service à la loi qu'il
venait défendre.

On se trompait, car la loi fut votée. En apprenant ce résultat, le prince Bismarck se mit à bondir
de joie ; cela le vengeait du jour où, après une défaite
parlementaire, il s'était écrié douloureusement : « Plaignez-moi ; je ne suis plus que l'ombre
d'un socialiste. » Pour l'Empereur, on ne lui vit
jamais pareille expansion. Au moment où la bonne
nouvelle lui parvint, il était à Potsdam. — « Ça y
est ! » s'écria-t-il, en s'adressant au général du
Verdy du Vernois, qui se trouvait près de lui... Le

général, croyant que c'était la guerre qu'on venait de déclarer, donna des signes si manifestes d'une allégresse exubérante, qu'on put craindre un moment pour sa raison. Ce fut une cruelle désillusion quand il apprit qu'il ne s'agissait que d'une loi d'ordre public.

Pour celle-ci, l'on peut s'étonner de la joie qu'elle produisit, car elle n'avait été votée que par une majorité de vingt voix. Cent quatre-vingt-cinq dé-putés avaient voté pour, cent soixante-cinq contre !

Quel mince résultat, quand on évoque toutes les paroles et toute la sueur dépensées pour cette loi ! Mais aussi quels enseignements pour ceux qui dirigent la patrie germanique ! Un M. Flugge, député de la Poméranie, pays célèbre pour ses poitrines fumées, ne s'est-il pas écrié, le dernier jour, en mettant la main sur son cœur :

— Pour moi, cette loi est inadmissible, mais je la voterai, parce que mon Empereur la désire.

Quand on a de tels sujets, on peut tout oser... tout excepté pourtant d'aller à Strasbourg en compagnie du roi Humbert, qui se trouvait à Berlin au moment même où l'on y assurait les ouvriers par force.

# CHAPITRE VI

## L'ALLIANCE ITALIENNE

*La triple alliance menacée.*
*Voyages à Rome et à Budapest.*
*Les piliers de la triple alliance.*
*Craintes des journaux.*
*Le roi vient.*

L'année 1888 ne s'est point terminée sur la note éclatante qui avait suivi les voyages de Guillaume II.

Dès le principe, on n'avait montré, dans le public, qu'une demi-confiance dans les résultats de l'entrevue de Peterhof, mais on s'était rabattu sur les enthousiasmes viennois et romains, gages précieux d'une alliance indissoluble, invulnérable et prédominante, destinée, dans la pensée des hommes d'État de l'Allemagne, à couronner l'édifice régulateur dont ils se sont proclamés les gardiens-jurés.

Mais, en cette circonstance, comme en beaucoup d'autres, les Allemands ont eu le tort d'afficher de suite de grands airs protecteurs, qui n'ont pas été précisément du goût des « fidèles alliés. » La presse autrichienne a relevé cette attitude, bien faite pour surprendre douloureusement un peuple justement fier d'un passé glorieux ; et, dans le même moment, par une coïncidence née d'une impression similaire, la nation italienne laissait paraître une lueur de souvenirs et de sympathies à l'adresse de la France.

Ces symptômes, origines des crises qui, depuis, n'ont cessé d'ébranler dans sa base la triple alliance, sont bons à signaler à un an de distance. Les journaux allemands s'émurent de ces refroidissements. Les uns constataient le fait accompli ; les autres le laissaient deviner, sous le manteau d'une mauvaise humeur qu'ils ne parvenaient pas à déguiser. C'est qu'aussi c'était humiliant de n'être point payé de caresses, après avoir proclamé délibérément que l'Autriche s'était, par la correction de sa conduite et de sa bonne tenue, montrée digne de la bienveillance de l'Allemagne, et que l'Italie laissait voir des dispositions agréables, propres à lui mériter les faveurs de la plus grande nation du monde.

L'Italie, c'était l'enfant gâté. Les meilleurs bon-
bons étaient pour elle, et les meilleurs journaux
aussi. Le *Kladderadatch* lui-même, las d'insulter
la France, lui avait confié sa latte : « Tape, petit »,
disait ce gnôme bourgeonné ; et le petit de taper ;...
il est vrai que, chez lui, c'était sur l'Allemagne qu'il
tapait. On savait cela à Berlin, et cela causait quelque peine.

En haut lieu, l'on se montrait également inquiet.
On en eut la preuve par le départ subit du comte
Herbert de Bismarck pour Rome et du comte Wal-
dersee pour Budapest.

Qu'allaient-ils faire, ces deux comtes, à Rome et
à Budapest ? Chercher à étayer la triple alliance, qui
craquait de toutes parts ? presser dans leurs bras,
l'un Crispi, l'autre Tisza ? conjurer Humbert et
François Joseph de se préparer à la guerre pour
assurer la paix ? ou simplement, leur annoncer que
leur maître venait d'acquérir un bon petit port, sur
la frontière algérienne, pour y mettre son charbon
et ses bateaux ? Sans doute, on parla de tout cela,
et aussi des vilains peuples qui, malgré tous les
efforts de leurs gouvernants, ne veulent pas, l'un,
de la langue allemande, l'autre, de l'influence germaine.

C'est que la question était vraiment menaçante.
La *Poste*, très alarmiste, prévoyait la séparation com-

plète de l'Autriche et de la Hongrie, partant la dis-
location de l'alliance de l'Allemagne avec la monarchie austro-hongroise. De son côté, la *Gazette nationale* montrait à Rome le pendant exact de ce qui
se passait à Budapest. Ce journal, qui prend ses
informations à bonne source, redoutait la chute de
Crispi et de Tisza, qui sont, déclarait-il avec une
précision dont il est bon de faire son profit, « avec
Bismarck, les piliers de la triple alliance ».

La même feuille projetait sa lumière sur la fédération compacte et menaçante des démocrates, des
radicaux, des chauvins, des féodaux et des cléricaux,
se donnant la main, à Rome comme à Budapest ;
puis elle concluait en faisant remarquer que, dans
les deux pays, tout était en effervescence à l'approche
du centième anniversaire de la Révolution Française.
Tout cela était dit en une langue emphatique, em-
phrasée et empâtée, propre à frapper l'esprit favorable aux ténèbres du philistin allemand.

Dans la suite, de meilleurs jours sont revenus, en
apparence du moins. On avait douté de la visite des
souverains « alliés. » Ce fut un jour de triomphe,
pour les Allemands, quand on apprit que le roi
Humbert se disposait à venir à Berlin.

*Origine de l'alliance italienne.*
*Le roi Humbert à Berlin. Crispi.*
*Au Nouveau-Palais.*
*Un hommage à l'empereur d'Autriche.*
*Pas de fêtes. — On parle politique.*
*Les couleuvres d'un premier ministre.*
*Une parole à sensation.*

L'alliance italienne est beaucoup plus ancienne qu'on ne le croit généralement. Son origine nous est révélée par ce fragment du livre connu de nos lecteurs, *Frédéric III, prince héréditaire et empereur.*

» La plus jeune fille du Kronprinz, y est-il dit, naquit le 22 avril 1872 et fut appelée Marguerite, du nom de sa marraine, la reine d'Italie, qui vint à Potsdam pour le baptême. A cette occasion, l'amitié sincère qui liait les héritiers présomptifs des trônes d'Allemagne et d'Italie commença à porter ses fruits. Jusqu'à la chute de l'empire français, Victor-Emmanuel avait, par reconnaissance, entretenu des relations amicales avec l'empereur Napoléon ; mais en 1873, il vint à Berlin, et cette visite fut immédiatement rendue par le prince impérial. Dans les années qui suivirent, des voyages d'affaires ou d'agrément lui firent presque chaque année reprendre le chemin de la Péninsule. Nombre de gens, en présence des relations actuelles des deux pays, se souviennent d'un petit incident qui marqua le voyage du prince Frédéric à Rome, en 1878.

» Le prince était venu pour représenter l'empereur aux funérailles de Victor-Emmanuel. En paraissant sur le balcon du Quirinal avec le roi Humbert et la reine Marguerite, il prit le prince de Naples dans ses bras et le montra à la foule. L'esprit impressionnable du peuple romain saisit le symbole de cet acte si simple en apparence et provoqua spontanément un enthousiasme qui se traduisit par une manifestation comme seuls les Italiens savent en organiser. »

Dans son journal, l'empereur Frédéric III s'est défendu souvent d'avoir jamais pris part, de loin ou de près, aux affaires de l'Etat. On conviendra, d'après cette anecdote, qu'il y avait en lui l'étoffe d'un diplomate accompli.

Depuis, le roi Humbert a souvent revu son ami de Berlin. Il l'a complimenté au passage du train, lors de son avènement *in extremis*. Enfin, il paraît avoir reporté l'affection qu'il éprouvait pour sa personne sur son fils, l'empereur Guillaume.

Cette affection l'a même porté à transiger avec

l'étiquette, qui indiquait que, visité le dernier, il devait paraître le dernier à Berlin. Aussi bien, il avait sur le cœur que l'empereur François-Joseph ne lui a jamais rendu sa visite. Mais cette double irrégularité ne pouvait l'arrêter. Il avait hâte d'aller remettre son armée aux mains de son jeune allié. Pour sauvegarder son amour-propre, il résolut cependant d'éviter le terrain où flotte le drapeau jaune et noir, et, dans ce but, il fit un long détour pour arriver à Berlin.

Dans la suite, on n'a pas été peu étonné d'apprendre que ce voyage avait donné lieu à de grandes appréhensions. C'est un journal de Gênes, le *Caffaro*, qui a lancé cette grosse nouvelle. Les anarchistes se remuaient depuis quelque temps, paraît-il, et l'on avait constaté la disparition de plusieurs de leurs chefs. Aussi les précautions les plus méticuleuses avaient-elles été prises pour combattre toute éventualité d'attentat contre la personne du roi. Sur tout le parcours du chemin de fer, jusqu'à la frontière suisse, se trouvaient échelonnés des postes militaires, très rapprochés; deux employés supérieurs de la police étaient montés sur une locomotive qui éclairait la route, en avant du train royal; enfin, toute une nuée d'agents de police avaient été répartis en Suisse et en Allemagne, afin de recueillir tous les bruits alarmants qui auraient pu se produire.

Ces précautions ont été fort heureusement inutiles, car rien n'est venu troubler la sérénité des embrassades souveraines.

Nous ne reproduirons pas le programme des fêtes données à Berlin en l'honneur du roi d'Italie. On le connaît en France, par les dépêches de l'Agence-Havas et par les correspondances des rares journaux qui daignent s'occuper, à Paris, de ce qui se passe à Berlin.

On n'a pas oublié le vote, *à une voix de majorité*, de la Municipalité, pour la réception d'Humbert Ier, non plus que l'embarras d'une actrice allemande, obligée de déclarer au roi qu'elle ne savait pas l'italien, après lui avoir débité une pièce de poésie dans la plus pure langue du Dante. Un détail qui a beaucoup surpris et froissé les Berlinois, c'est que l'hôte de l'empereur Guillaume ne parle pas allemand. A tout ce qu'on lui disait, il répondait, en français : *Beaucoup de grâces !*

Dans la curiosité provoquée par l'arrivée du roi Humbert, on ne s'était guère occupé de M. Crispi. La *Poste* a combattu cette indifférence en publiant un panégyrique de l'ancien compagnon de Garibaldi. La vérité, c'est que personne n'avait vu M. Crispi. A côté du prince de Bismarck, il semblait un nain. Quand ces deux hommes d'État se promenaient bras-dessous, ce qui leur arrivait toutes les fois qu'ils descendaient de voiture, on eût dit un père reconduisant son fils au collège, après les vacances.

M. Crispi paraît vieux, très vieux, et ce qui a surpris tout le monde, c'est que le roi paraît vieux aussi. Ses cheveux sont tout blancs, et il est plus petit que l'empereur Guillaume, qui, pourtant, n'est pas grand. Quant au Prince Royal, il eût été certainement exempté du service militaire, à cause de sa petite taille, s'il n'avait débuté par le grade suprême dans l'armée italienne.

Sous leurs uniformes bleus de hussards prussiens, le père et le fils avaient l'air de petits écuyers de l'Hippodrome. Pour les autres personnages, on a remarqué qu'ils étaient tous en blanc : l'empereur, en uniforme des gardes du corps ; l'impératrice, dans la tenue de son régiment, ce qui lui donne un faux air de madame Sucher, de l'Opéra, dans son rôle de la Walkyrie ; enfin, Bismarck, paradant dans son costume légendaire des cuirassiers de Magdebourg. M. Crispi, qui ne monte pas à cheval, portait un petit habit brodé. Sa tête de conspirateur disparaissait sous un énorme chapeau-claque.

Pendant plusieurs jours, les revues succédèrent aux parades, les parades aux promenades, les excursions aux promenades. Dans l'une d'elles, l'empereur et son hôte se dirigèrent, à travers le parc

de Sans-Souci, vers le Nouveau-Palais, où est mort
l'empereur Frédéric III. Le roi d'Italie parut fort
ému en franchissant le seuil de la chambre mortuaire, dont les meubles ont été partagés entre le
Musée Hohenzollern, à Berlin, et le château que
l'impératrice Frédéric vient d'acquérir dans le Tau-
nus. Cette pièce est convertie en oratoire; une croix
a été incrustée dans le parquet.

Le roi déposa pieusement dans cette chambre
une couronne de lauriers, apportée de Monza,
ainsi qu'un bouquet de marguerites, que la veuve
de son ancien ami lui avait fait tenir l'avant-
veille, à son passage à Francfort.

Ces excursions *extra-muros*, qui se renouvelaient
chaque jour, eurent leur inconvénient pour la popularité du roi Humbert à Berlin. On se lasse de tout,
même des princes italiens, surtout quand on ne les
voit pas. Le premier jour, cela avait été presque
de l'enthousiasme. Le second, on fit encore montre
de beaucoup d'allégresse, parce qu'on vit beaucoup
de soldats dans les rues et qu'on aime les soldats,
à Berlin. Mais comme le troisième jour se passa
sans Humbert, il sembla qu'il était reparti, de sorte
qu'on fut tout étonné de le voir reparaître le lendemain matin. Encore ne fit-il, en cette occasion, que
traverser la ville, pour aller au Tempelhof, où devait avoir lieu la grande revue.

Un incident comique a marqué cette revue. Pendant tout le défilé, les musiques, au lieu de continuer les airs italiens qui avaient salué la venue des souverains, jouèrent, l'une après l'autre, et avec une persistance incroyable, la *Marche de Radetzky*. C'était sans doute, ainsi que l'a fait remarquer le *Times*, un hommage au troisième membre, absent, de la triple alliance.

Le *Globe*, reprenant pour son compte cette appréciation, ajoutait :

« Tout ceci est très flatteur, sans doute, pour le membre absent, mais pas du tout agréable pour le membre présent. En effet, on s'imagine difficilement le petit-fils du roi Charles-Albert prenant plaisir à l'évocation du vieux général autrichien qui avait pris la mauvaise et déplorable habitude de tailler en pièces les troupes du roi de Sardaigne partout où il les rencontrait. »

Cette historiette, et quelques autres semblables, défrayaient la malignité publique. En somme, tout le monde convenait que les fêtes en l'honneur du roi Humbert étaient complètement manquées. Le jour, pas de spectacles, et le soir, pas d'illuminations ! Sur le pont qui mène au Château, deux fontaines éclairées par des feux de Bengale. Devant l'Opéra, une gerbe de lumière électrique,... et c'était tout !... Les Berlinois trouvaient que ce n'était pas assez. Pas une fusée ! Pas un serpentin ! Pas même une chandelle romaine, en l'honneur du roi de Rome !

Aussi, le soir, se produisait-il, *sous les Tilleuls* et dans les quartiers environnants, des scènes qui rappelaient la nuit du jour de l'an, où la police abdique toute autorité. On criait, on chantait, on hurlait, on s'aplatissait les chapeaux sur la tête, on jetait des pierres dans les devantures des cafés ; et quand une voiture passait, occupée par un général ou par un haut fonctionnaire, tout le monde criait : *Voilà Boulanger !* c'était la scie du jour.

Et puis, il faut bien le dire, ce qui n'échappait à personne, c'est que ces fêtes n'étaient pas des fêtes. C'était un congrès déguisé. La représentation passée, souverains et ministres s'enfermaient pour travailler à la cimentation de la sainte-alliance. Chaque soir, on pouvait remarquer, jusque fort avant dans la nuit, de la lumière dans le cabinet de l'empereur. Des estafettes allaient et venaient, comme s'il se fût agi d'une mobilisation de l'armée. Enfin, dans la Wilhelmstrasse, Bismarck et Crispi ne cessaient de conférer, encore que l'élément militaire formât la base de l'entrevue de Guillaume et d'Humbert.

On se tromperait si l'on croyait que leur voyage à Berlin a été une source de joies pures pour le roi d'Italie et pour son ministre. Le premier n'a pas aliéné de cœur son armée, qui passe entre les mains de l'Allemagne. Quant à Crispi, les couleuvres ne lui ont pas été ménagées. M. de Bismarck ayant manifesté l'intention de l'emmener à une partie de campagne organisée par les membres du Reichstag, M. Windthorst lui fit dire que si le ministre du roi d'Italie l'accompagnait, il se retirerait avec éclat, et que tout le centre le suivrait.

M. de Bismarck a toujours eu un faible pour M. Windthorst, en qui il trouve un allié dévoué, en dehors des choses de la religion. Il a donc changé ses plans, en choisissant d'autres plaisirs pour son bon ami Crispi.

Ajoutons que la reconnaissance de M. Windthorst n'a pas tardé à se manifester sous la forme de l'appoint donné par lui et les siens lors du vote de la loi d'assurance pour les invalides du travail. On sait combien le gouvernement tenait à cette loi, à propos de laquelle M. de Bismarck avait, dans son discours, prononcé cette phrase grosse de menaces :

— Dépêchons-nous, messieurs. Il faut que cette loi soit votée cette année ; *car nous ne savons pas si nous en aurons le temps et le loisir l'année prochaine.*

*Projet de voyage à Strasbourg.*
*Intrigues du parti militaire.*
*Bismark et le docteur Leuthold.*
*Un souvenir rétrospectif.*

Rien ne venait donc troubler l'uniformité des réjouissances en l'honneur du roi d'Italie, lorsque la nouvelle du fameux projet de voyage à Strasbourg se répandit dans le public.

Elle fut loin de produire à Berlin l'effet qu'on pourrait croire ; elle parut même fort naturelle à tout le monde, et ce n'est que sur l'émoi des journaux français que les Berlinois commencèrent à s'en occuper.

Alors les démentis de pleuvoir. Suivant une certaine presse, l'empereur n'avait jamais eu la pensée d'entraîner son fidèle allié en Alsace; il voulait simplement lui présenter le 13ᵉ hussards, dont il est le chef, au passage à Francfort ; puis on se serait séparé, pour aller l'un à droite, l'autre à gauche. D'autres feuilles accusaient nettement de mensonge la *Gazette de Cologne*, qui avait lancé la grosse nouvelle. Mais les preuves étaient trop nombreuses pour qu'on pût déguiser longtemps la vérité.

On sut bientôt que le projet du voyage à Strasbourg était éclos sous l'inspiration de hautes personnalités militaires, notamment du général de Heiduck, commandant le corps d'armée alsacien, qui a été attaché particulièrement à la personne du roi Humbert pendant son séjour à Berlin. Cet officier était, d'ailleurs, vivement appuyé dans ses démarches par le général Verdy du Vernois, qui a été gouverneur de Strasbourg avant d'être nommé ministre de la guerre. On citait aussi le nom du comte Waldersee, toujours prêt à donner des conseils dangereux pour le maintien de la paix. Le projet est donc venu de beaucoup plus haut qu'on ne l'a cru généralement, et c'était bel et bien une sérieuse démonstration contre la France.

Le prince de Bismarck, prévenu à temps, courut au Château où il eut une longue conversation avec l'empereur ; mais il en sortit sans avoir obtenu sa renonciation, dont il faisait une question de cabinet. C'est alors qu'il fit agir sur son maître un personnage qui a sa confiance et dont la voix est écoutée dans les conseils pacifiques. Il s'agit du docteur Leuthold, médecin particulier de l'empereur. Ce dernier, sentant le péril, s'empressa de se rendre auprès de son client et finit par le convaincre, non sans peine.

C'est grâce à cet intermédiaire que M. de Bismarck remporta sur le parti militaire, commandé par le comte Waldersee, une victoire qui peut compter parmi les plus importantes de sa carrière.

Un bruit qui courut avec persistance au même moment indiqué combien la situation était tendue : le comte Waldersee aurait eu l'intention de se démettre de ses hautes fonctions de chef du grand état-major pour prendre la place de M. de Hohenlohe, en Alsace. Le chef de l'armée aux avant-postes! On avouera que c'était là une menace un peu bien sérieuse.

Guillaume II n'est pas le premier de sa race, sans parler de Guillaume Ier, qui ait médité une descente en Alsace. Au commencement de son règne, Frédéric II voulut faire son tour de France ; il prit le nom de comte du Four, et s'arrêta tout d'abord à Strasbourg. Mais il ne tarda pas à être reconnu par un soldat qui avait servi dans l'armée prussienne. Le maréchal de Broglie, gouverneur de la ville, en fut averti, et quand le roi lui rendit visite, il ne put s'empêcher de l'appeler à plusieurs reprises Majesté !

Bientôt la nouvelle se répandit par la ville que le roi de Prusse était à Strasbourg. Les maisons s'illuminèrent comme par enchantement, et les habitants vinrent pousser des vivats sous le fenêtres de Frédéric. Celui-ci, impatienté de ces ovations, partit dès la pointe du jour, et, au lieu de se diriger vers Paris, reprit en toute hâte le chemin de Berlin.

L'empereur Guillaume II n'avait pas à craindre cet enthousiasme. Aussi a-t-il différé tant qu'il a pu son excursion au pays des cigognes.

Il était à présumer aussi qu'il ne voyagerait pas sous le pseudonyme de son ancêtre.

Il eût été trop transparent.


*L'affaire Wohlgemüth.*
*Protestation de journaux allemands.*
*Le commerce suisse et le commerce allemand.*
*Une muraille de la Chine.*


L'alliance allemande-italienne, défensive et agressive, ne tarda point à se manifester sous la forme de l'incident Wohlgemüth.

C'était une fusée d'essai, qui a fait long feu.

Elle a dévoilé trop tôt le plan élaboré par les deux souverains et a eu pour résultat de jeter la Suisse dans nos bras.

L'officieuse *Gazette de l'Allemagne du Nord* étant revenue avec insistance sur cette affaire, tout en convenant que Wohlgemüth avait fait montre d'une maladresse insigne ainsi que d'un manque absolu de circonspection, l'*Avertisseur local* de Berlin a pris texte de cette déclaration pour faire son procès à la presse bismarckienne.

« L'article de la *Gazette*, conclut ce journal, nous fait espérer qu'on commence à ne plus voir en Wohlgemüth un Saint national, et que l'incident se terminera tranquillement. Nos housards de la plume sont partis en guerre d'une façon honteuse contre la Suisse. On a menacé cette brave petite République, parce qu'elle veut se garantir contre l'espionnage et la délation ; on a demandé contre elle des rigueurs sans pareilles ; et de tout ce bruit il est résulté que notre action diplomatique est allé s'échouer sur un banc de sable, où elle est l'objet de la risée publique. »

De son côté, la Suisse ne tardait pas à faire à l'Allemagne le réponse qui pouvait le plus l'émouvoir. Se plaçant sur le terrain des affaires, elle rompait net avec sa voisine. On écrivait d'Elberfeld à la *Gazette de Berlin* :

« Les voyageurs de nos manufactures sont unanimes à constater une subite et complète stagnation d'affaires en Suisse. Les chambres de commerce, les syndicats et les négociants isolés ont rompu toutes relations avec les maisons allemandes. Les commandes d'automne sont, par suite, assurées aux voyageurs français. »

De son côté, la *Volkszeitung* reproduisait cette carte postale :

« Monsieur,

« Nous vous prions d'annuler la commission donnée par nous à votre représentant, M. T... La manière dont se comporte votre presse reptilienne à notre égard force notre monde commercial à rompre toutes relations avec l'Allemagne, jusqu'à nouvel ordre. Nous prenons la liberté de vous conseiller de rappeler votre commis de la Suisse, où les Allemands doivent, suivant vos journaux, « être libres comme l'oiseau qui vole ».

« *Signé* : STAUB ET Cie ».

Le destinataire de cette missive ajoutait qu'il entretenait depuis plus de dix-huit ans les meilleures relations avec la maison Staub. Il concluait par ces mots :

« Mon voyageur m'écrit que nous devons nous attendre à d'autres annulations. C'est la suite de ce qui est arrivé, à moi et à bien d'autres, successivement en France, en Autriche et en Russie. Maintenant, voici la Suisse qui entre en lice. Les cosaques de la presse nous enlèveront, jusqu'au dernier, un pays après l'autre. »

Au moment où ces lettres furent écrites, l'Allemagne n'avait pas encore continué sa muraille de la Chine du côté de la Suisse. Les tours de porcelaine des hauts-barons de la douane et de la police s'échelonnent maintenant de Bâle à Bregenz ; elles ne tarderont pas à s'élever, si ce n'est déja fait, dans le sud, tout au long de la frontière italienne. Déjà l'on parle de cols palissadés, de précipices comblés, de monts éventrés... Qu'importe le paysage ? Berlin n'est-il pas dans une lande ?

# CHAPITRE VII

## L'AFFAIRE DES SAMOA

*Une prédiction à demi réalisée.*
*La catastrophe d'Apia.*
*Explication par les taches du soleil.*
*Une comparaison mystique.*
*Un toast de l'empereur Guillaume.*

Le premier État qui ait commencé à s'élever contre les velléités omnipotentes de Guillaume II, c'est l'Amérique du Nord.

L'Allemagne voulait les Samoa. Elle avait, suivant sa coutume coloniale, commencé par bombarder des gens inoffensifs qu'elle désirait s'annexer. Mais l'Amérique était venue, soutenue par l'Angleterre, qui avait dit :

— Halte-là !

L'astrologue Kiesewetter, qui a prédit de grandes perturbations gue rrières pour l'année 1889, avait annoncé qu'entre le 9 et le 13 février un grand État d'outre-mer déclarerait la guerre à l'Allemagne.

L'aventure n'a pas été jusque-là, mais il est certain que c'est à cette époque précise que les États-Unis ont montré les dents. C'était le bon moment où la *Gazette de Silésie* annonçait déjà que le navire de Sa Majesté, l'*Olga*, avait fait sauter une frégate américaine. Hélas ! il a fallu bien en rabattre, lorsque l'*Olga* alla se briser, en compagnie de deux autres navires de guerre allemands, sur des récifs de corail, dans cette même baie d'Apia où elle avait si gaillardement canonné, peu de temps auparavant, gens et choses.

Ah ! ce fut un vrai deuil que cette catastrophe des Samoa ! Déjà le naufrage du *Grand-Électeur* avait jeté un voile sombre sur le tableau radieux du pavillon allemand dominant le monde des mers. Mais ce n'était, après tout, là, qu'un accident. Tandis que, cette fois, c'était bien d'un désastre complet qu'il s'agissait.

Un savant professeur de Berlin, le docteur Servus, a publié un long travail, dans lequel il a fait remarquer qu'il avait, dès le 11 février, pronostiqué de graves et sérieuses perturbations dans la zone équatoriale pour la période du 17 au 20 mars. Son système d'observation se basait sur les taches du soleil; de sorte que si l'on s'était, en dehors même de ses avertissements, donné la peine d'étudier ces taches, il n'est pas douteux qu'on eût conjuré la plus grande catastrophe maritime des temps modernes. On pourrait faire observer à ce savant homme que le désastre d'Apia s'est produit, non du 17 au 20 mars, mais bien le 16... Mais pourquoi troubler la sereine assurance de cet astrologue?

Aussi bien, toutes les taches du soleil n'auraient pu ressusciter de leur banc de corail les trois navires de Sa Majesté Guillaume II, non plus que ceux des Américains. Mais ces derniers furent remplacés du jour au lendemain, tandis qu'il n'en fut pas de même des autres; car, malgré toutes leurs prétentions maritimes, les Allemands n'ont pas beaucoup de bateaux sous la main. Quand il en manque sur un point, il en faut faire venir des quatre coins du monde, et c'est là précisément ce qui blesse au cœur le bon bourgeois de Berlin, prompt à s'enflammer sur les choses de la marine.

D'autre part, on n'était pas sans inquiétude sur le sort des colons allemands abandonnés à la merci du roi Mataafa. Le combat du 18 décembre était encore dans toutes les mémoires; on savait que les Allemands y avaient été terriblement malmenés;

et cependant on était alors en nombre, tandis que
dans les circonstances du moment, avec les trois
croiseurs à la côte et les équipages décimés et dé-
sarmés, on avait tout à craindre. Vainement le ministre de la marine s'efforçait de rassurer l'opinion
publique ; sa parole ne portait pas au delà des mu-
railles du Reichstag. De son discours on ne retenait
que le passage où Son Excellence faisait ressortir
que les navires américains envoyés en remplacement du *Triton*, de la *Vandalia* et du *Ripcic*, s'étaient
chargés du maintien provisoire de la sécurité publique.

Eh ! c'était là précisément où le bât blessait.
Déjà la présence de trois navires de guerre américains, révélée par le naufrage même, car on n'en
avait jusque là soufflé mot, avait indiqué que les
États-Unis tenaient à jouer un rôle prédominant
dans le règlement de l'affaire des Samoa, voire à se
passer de la coopération de l'Allemagne. Le gouvernement auquel préside M. Harrison semblait dire
aux compatriotes de l'empereur Guillaume : « Mes
bons amis, vous avez fait un pas de clerc, n'y reve-
nez pas, sinon je me fâcherai. » Et la Prusse de
baisser la tête, fort piteusement !... Quant à l'Angleterre, qui avait peut-être lu les pronostics du docteur Servus, son bateau s'était empressé de prendre
le large.

Un journal berlinois, qui est sous la coupe du pasteur Stœcker, a trouvé une bien jolie comparaison pour cette fugue précipitée :

« Le navire anglais, dit-il, n'a dû son salut qu'à la fuite. Il a pu se sauver, parce qu'il était sous vapeur. Ceci nous prouve qu'un chrétien doit toujours être sous vapeur, pour, au moment critique, et lorsque le péché le menace, pouvoir, à force de roues, gagner la terre du salut. »

L'empereur partagea le deuil de la nation, à la suite du cyclône de la baie d'Apia. Au casino des officiers de marine, à Wilhelmshaven, il porta un toast au souvenir des marins allemands engloutis dans les flots. Il rappela le roi d'Espagne répondant à l'amiral Medina-Sidonia, qui lui annonçait la perte de son armada : « Dieu est au-dessus de moi ! Je vous ai envoyé contre des hommes, et non contre des vagues et des récifs ! » Enfin, il ajoutait que, dans son esprit, le capitaine qui s'abîme avec son navire dans les vagues de l'Océan, est assimilable au colonel qui tombe à la tête de son régiment.

*Circulaire aux consuls.*
*La colonisation aux Samoa. — Mœurs du pays.*
*Origine des hostilités.*
*La conférence.*

Le prince de Bismarck s'occupait du coin diplomatique de la question. Il adressait aux consuls allemands une circulaire dans laquelle il leur donnait des instructions pour éviter le retour d'incidents pareils à ceux qui avaient causé d'aussi grandes difficultés à l'Allemagne : Ils ne devaient agir dorénavant que sur des ordres précis et ne discuter en aucune façon les injonctions qui leur seraient faites. De leur côté, les commandants de navires de guerre n'ont à obéir qu'à des instructions de l'amirauté, ou, s'ils reçoivent des instructions des consuls, ils doivent s'assurer préalablement de l'origine officielle et ministérielle de ces instructions.

C'est ce qui n'avait pas été fait jusqu'alors ; aussi l'Allemagne avait-elle payé cher le zèle intempestif de son consul Knappe, qui fut désavoué. Sans ce personnage, les affaires ne se fussent point gâtées

et les Allemands seraient encore possesseurs tranquilles de colonies organisées au prix de quelle
patience et de quel travail?... le consul américain
Swell s'est chargé de le dire dans son rapport à son
gouvernement.

L'île d'Upolu, la principale des Samoa, est celle
où les Allemands se sont principalement établis. Ils
n'y possèdent pas moins de 28,000 hectares, tandis
que les établissements américains ne représentent
que 3,600 hectares, et les plantations anglaises 3,200.
Sur la carte, un petit coin, marqué de croix, se dé-
tache près d'Apia : c'est la mission française.

Pour obtenir les gras pâturages qui faisaient
naguère de cette île un centre d'élevage considérable, il n'a pas fallu moins de quinze ans. Après
avoir défriché le terrain, couvert d'une flore tropi-
cale, on a planté des cocotiers pour obtenir une
ombre salutaire. Puis, pendant trois ans, pour
assainir la terre, on a cultivé du coton. L'herbe
n'est venue que beaucoup plus tard ; et finalement
on n'a introduit le bétail dans ces prairies arti-
ficielles que lorsque les arbres se montrèrent assez
vigoureux pour n'avoir plus à craindre les coups
de cornes des grands bœufs amenés d'Australie
et de la Nouvelle-Zélande.

Le même auteur nous apprend que dans quelques
plantations on cultive encore le coton et le café.

Pour cette exploitation, on embauche des travailleurs aux Nouvelles-Hébrides et aux îles Salomon. En débarquant, ils sont conduits chez le consul, qui s'assure qu'ils sont bien venus de leur plein gré. D'après leur contrat, ils doivent être rapatriés au bout de trois ans; mais il arrive parfois qu'ils sont enlevés par les indigènes, qui les emmènent en esclavage, à la barbe des Allemands.

On s'est beaucoup servi de cette déclaration en Allemagne, pour excuser les violences des colons à l'égard des Samoans, violences qui ont amené des représailles fâcheuses. Or, personne n'est plus doux que ces indigènes. Un Allemand, venu des premiers aux Samoa, a fait le récit de l'hospitalité cordiale dont il avait été l'objet sur tous les points où il avait porté ses pas. Dans tous les villages se trouve une case réservée spécialement aux étrangers. Lorsqu'il s'en présente un, on l'installe somptueusement dans cette demeure, et quand on est prévenu de sa visite, un délégué se porte à sa rencontre, à une journée de marche. Aussitôt qu'il a mis le pied sur le territoire de la tribu, l'étranger devient son hôte. On lui apporte des vivres en si grande quantité qu'il en pourrait vivre pendant une semaine, et les jeunes filles mâchent la racine du Kava, pour, de leur salive, additionnée de lait de coco, préparer la liqueur de bienvenue. Ce breuvage est aux habitants des Samoans ce que le calumet de paix est aux Indiens de l'Amérique du Nord. Quand l'étranger en a bu à la ronde avec eux, il peut se considérer comme des leurs ; il restera aussi longtemps qu'il lui plaira parmi eux ; et quand il les quittera, les vierges entonneront le chant des regrets.

Ce peuple naïf vivait heureux sous le sceptre d'un bon roi, Maliétoas, lorsqu'un incident se produisit qui vint soudainement changer l'ordre des choses.

L'affaire remonte au 22 mars 1887, jour de naissance de l'empereur Guillaume I<sup>er</sup>. Ce jour-là, plusieurs colons allemands furent, à la suite de libations trop prolongées en l'honneur de cet heureux anniversaire, molestés par des indigènes, auxquels ils avaient voulu faire partager, de force, leur enthousiasme pour leur souverain.

Ce n'était pas là un cas pendable ; mais l'Allemagne en jugea autrement. Elle le prit de très haut avec les Samoans, et comme le roi Maliétoas se refusait à faire des excuses, il fut, au mépris de tout droit et de toute justice, appréhendé au corps et transporté sur l'*Adler*, l'un des navires qui, depuis, a péri dans la baie d'Apia.

Maliétoas fut amené à Wilhelmshaven, en Allemagne, où on le laissa en liberté. Mais comme on commençait à s'occuper de cette affaire en Europe et que ce roi d'outre-mer pouvait devenir gênant, on s'empressa de l'expédier aux îles Marschall.

Entre temps, les choses se corsaient aux Samoa. L'Amérique et l'Angleterre n'avaient pas vu de bon œil le sans-gêne avec lequel l'Allemagne en avait usé dans cette circonstance. Elle avait agi là comme en pays conquis, et après tout, elle n'était pas la maîtresse du lieu. Ce fut bien pire quand au roi Mataafa, nommé provisoirement par les Samoans, les Allemands opposèrent un chef de leur choix, Tamasese. Cette nomination devait amener fatalement la guerre civile : elle éclata sans tarder, entraînant à sa suite des excès dont furent fatalement victimes quelques colons.

On échangea des notes diplomatiques. Les cabinets de Londres et de Philadelphie firent de justes représentations à l'Allemagne. Mais celle-ci, ne doutant de rien, ne tint aucun compte de ces obsertions.

Bien plus, son consul, trouvant que les événements du pays ne marchaient pas à son gré, ne trouva rien de mieux que de prendre sur lui d'attaquer ce qu'il lui convenait d'appeler les rebelles. Mais il avait compté sans ses collègues d'Angleterre et d'Amérique. Voici en quels termes le *New-York Wold* a raconté l'echauffourée du 18 décembre :

« Les Allemands projetaient une attaque nocturne. Comme ils s'approchaient de la côte dans trois chaloupes, une femme s'aperçut de leur manœuvre et courut prévenir le consul anglais. Celui-ci se hâta de faire hisser le signal d'alarme, consistant en une lanterne rouge. Aussitôt les indigènes, sous le commandement de Klein, un Américain d'origine allemande qui les dirigeait, prirent leurs positions de combat. Mais les Allemands, voyant leur plan déjoué, virèrent de bord et se dirigèrent vers un autre point.

« Lorsqu'ils s'en approchèrent, des cavaliers sortirent d'un bois, agitant des torches. Les Allemands firent aussitôt une décharge, de leurs bateaux. Il n'y fut pas répondu. Alors l'expédition aborda. La grève paraissait déserte ; les Allemands se hasardèrent dans le bois ; ce fut leur perte, car les indigènes les tournèrent et, très nombreux, les poussèrent devant eux. Les Allemands purent cependant faire jonction avec un détachement de troupes de marine qui avait atterri sur un autre point. Le combat était imminent ; cependant les soldats de Sa Majesté Guillaume II, se sentant dans une position critique, n'osaient prendre l'offensive.

« De leur côté, les indigènes hésitaient. Ils se demandaient s'ils avaient bien le droit de combattre ceux qui venaient les attaquer. Pour éclairer leurs doutes, ils envoyèrent un émissaire au consul américain, à Apia. Celui-ci leur conseilla d'agir à leur guise. Alors l'attaque commença. Elle fut impétueuse, car à la première décharge, le lieutenant Siégel, de l'*Olga*, fut tué net d'un coup de feu dans la poitrine. Plusieurs de ses compagnons avaient également mordu la poussière. Ceux qui tentèrent de les secourir subirent le même sort. Bientôt, ce fut un massacre général; pas un seul Allemand n'échappa au tir habile des soldats de Mataafa. »

On se figure l'émotion que causa la nouvelle de ce désastre en Allemagne. Le gouvernement voulait envoyer aussitôt un corps d'expédition, et les navires en rade d'Apia reçurent l'ordre de canonner la côte, ce qu'ils firent consciencieusement, sans distinction de pavillon. De plus, l'Allemagne réclamait l'extradition de l'Américain Klein, ce qui fut catégoriquement refusé...

C'est à ce moment que l'Angleterre et l'Amérique entrèrent en jeu, sérieusement. « Assez de feu ! assez de sang ! » dirent-elles. Et elles provoquèrent une Conférence, à Berlin, pour arrêter les bases d'une entente commune.

*L'Amérique à Berlin. — Le secret des séances.*

Les membres de cette Conférence arrivèrent à Berlin dans les derniers jours d'avril. Les plénipotentiaires américains descendirent à l'hôtel connu sous le nom de *Kaiserhof*, d'où ils pouvaient, à travers les arbres encore nus de la place Guillaume, apercevoir les traits du prince de Bismarck, dont le palais se trouve en face.

Mais le chancelier ne parut guère à sa fenêtre pendant le séjour de ces délégués, car il se montrait très courroucé contre eux.

La ville partageait d'ailleurs cet éloignement. Aussi bien, le fait d'avoir envoyé, parmi les plénipotentiaires, M. Bates, qui venait d'écrire dans une revue américaine, *The Century*, un article où étaient fort maltraités et la marine allemande et le gouvernement allemand, pouvait paraître assez singulier, et témoignait des dispositions peu bienveillantes du gouvernement américain à l'égard de l'Allemagne. On commentait beaucoup, à Berlin, ce qu'on appelait ce manque de tact, et l'on trouvait déplorable le sans-gêne de la libre Amérique.

Les délégués américains étaient donc loin d'être les lions du jour. Par contre, on n'avait jamais tant parlé des Samoa que depuis leur arrivée. Il semblait que de ce morceau qu'on allait détacher brutalement du jeune empire colonial allemand, devait dépendre tout le sort des entreprises ébauchées aux quatre coins du monde. C'était comme un fétiche qui s'en allait. Il n'était pas un Berlinois qui ne déplorât, à ce moment, l'empire des mers perdu et l'orgueil national abaissé.

La Conférence tint sa première réunion le 29 avril, à deux heures, dans la salle du Congrès, au palais de la Chancellerie impériale.

Étaient présents : pour l'Allemagne, le comte Herbert de Bismarck et les conseillers au département des affaires étrangères, de Holstein et Kranel ; pour l'Angleterre, sir E. Malet, ambassadeur à Berlin, M. Charles Scott, ministre d'Angleterre à Berne, et M. J.-A. Crowe, attaché spécial, pour les affaires commerciales, à l'ambassade d'Angleterre à Paris ; pour les États-Unis, MM. Kasson, Phelps et Bates. On adjoignit, en outre, à ces personnages MM. Buckingham et Parker, attachés militaire et maritime à la légation américaine de Paris, et M. Sewell, ancien consul des États-Unis aux Samoa.

Le comte Herbert présidait la séance. Il souhaita la bienvenue aux membres de la Conférence dans un discours en français, ce qui dut bien coûter à son amour-propre germanique.

Ce fut bien pire lorsque les délégués américains demandèrent à se servir de la langue anglaise pour la discussion. On élut ensuite deux secrétaires : un Allemand, M. d'Arendt, consul général, et un Anglais, M. Beauclerk, secrétaire de l'ambassade d'Angleterre à Berlin; puis l'on fixa l'ordre des travaux. Sur la proposition des représentants de l'Allemagne, il fut, en outre, décidé que le secret le plus absolu serait gardé sur les délibérations.

Cette résolution fut, il faut le croire, mal observée, car, le lendemain, le *Tage-Blatt* rendait compte de la première séance. Le jour même, ce journal recevait cette lettre, qu'il dut insérer en vertu du § II de la loi sur la presse :

« *Département de l'Extérieur.*

» Berlin, 1er mai 1889.

» Le *Tage-Blatt* du 30 avril publie un compte rendu de la première séance de la Conférence des Samoa. Comme président de cette Conférence, je déclare que le contenu de cet article *est faux d'un bout jusqu'à l'autre.*

» Comte BISMARCK. »

Cette épître dénote chez son auteur une grande irritation. C'est que les délégués anglais et américains avaient, dès la première séance, exigé la liberté immédiate du roi Malietoas. Malgré la dénégation du comte Herbert, les choses s'étaient bien passées comme l'avait dit le *Tage-Blatt*; la suite l'a prouvé.

Les séances qui suivirent, à d'assez longs intervalles, furent l'objet de révélations identiques. Mais, mieux avisés, les journaux affirmaient que ce qu'ils venaient de dire n'était que l'écho de propos auxquels il convenait de n'attacher qu'une importance relative.

Les exploits du consul Knappe.<br>
Mécontentement des délégués américains.<br>
Détente aux Samoa.<br>
Résolutions de la Conférence.<br>
L'Allemagne n'est pas contente.

Le public commençait à se désintéresser de la question, lorsque la publication d'un fragment du *Livre blanc*, relatif à la catastrophe maritime du

16 mars, vint jeter de l'huile sur le feu qui paraissait éteint.

C'était une nouvelle note du consul Knappe, dans laquelle ce personnage faisait, avec un manque de tact absolu, leur procès aux marins américains. Il les montrait faisant cause commune avec les gens de Mataafa et organisant le pillage avec eux; il avait dû, lui, Knappe, défendre à tous les cabaretiers, sous menace de punitions sévères, de donner à boire aux matelots américains. Par opposition, les marins allemands étaient présentés, dans cette pièce, comme des modèles de toutes les vertus. De reconnaissance aux partisans de Mataafa qui, loin de profiter du cyclone pour écharper les Allemands, comme on l'avait craint un moment, s'étaient, au contraire, empressés de les recueillir, pas un mot.

Ce rapport ne pouvait manquer d'édifier la délégation américaine. Aussi peut-on bien mettre sur son compte une bonne portion de la rigidité qui a dicté les arrêts de la Conférence.

Dans une deuxième note, datée du 26 mars, le même Knappe désignait, dans son besoin de délation, le roi Mataafa comme un fervent catholique, agissant sous la pression des missionnaires... français!!!

La vérité, c'est que l'ordre commençant à se rétablir dans les Samoa, gênait considérablement les projets des Allemands. Aussitôt que ces derniers n'avaient plus été les maîtres, Tamasese et Mataafa s'étaient empressés de faire la paix. Ils avaient même licencié leurs troupes et ils attendaient avec confiance le résultat de la Conférence.

L'un et l'autre formaient des vœux pour la protection unique des États-Unis. L'amiral Kimberley, qui commande dans la baie d'Apia, était leur homme. Cet officier était, d'ailleurs, plein de prévenances pour les indigènes d'Upolu ; tandis que les colons allemands fulminaient contre eux et réclamaient tout au moins leur extermination complète, l'Américain leur distribuait des vivres et des semences, pour réparer les désastres résultant du cyclone, dont l'effet s'était produit sur terre autant que sur mer.

L'Amérique tenait donc le premier rang dans le Pacifique. Elle eût, si elle l'avait voulu, pu faire reconnaître son protectorat ; mais elle comprit qu'elle gouvernerait mieux au second rang, en prenant modestement place à côté de l'Allemagne, mâtée par elle.

Ce résultat fut, comme on peut le penser, loin de répandre la joie dans les cœurs allemands. Malietoas, que l'Allemagne avait détrôné, était confirmé dans sa dignité royale. Il avait pour assistants un commissaire américain et un commissaire allemand, lesquels, en cas de différend, se soumettraient à l'arbitrage du consul anglais. C'était une rude atteinte au prestige de l'Allemagne.

Les Samoa appartiendront désormais aux Samoans. Dans la suite, ils éliront eux-mêmes leur roi. Une Chambre est instituée, à raison d'un député par deux mille habitants... Heureux Samoans ! rien ne manque à leur félicité — rien... pas même le arlementarisme.

# CHAPITRE VII





*Une ambassade folâtre.*


Une des circonstances qui contribuèrent le plus
à distraire momentanément l'opinion de la conférence de Samoa fut l'arrivée à Berlin d'une ambassade du sultan Mandara, de Kilimond-Chas, dans
l'intérieur de l'Afrique orientale.

Ce roi nègre a puissamment assisté le voyageur
Otto Ehlers dans ses voyages d'exploration. C'est un
ami de l'Allemagne, dont il importait de se faire un
allié, car ses États ne sont pas loin de Zanzibar.
Aussi fit-on, dans les sphères officielles, un accueil
des plus sympathiques à ses envoyés.

Dans le public, ce fut de la fièvre, du délire. On sait combien tout ce qui touche l'Afrique tient au cœur des Berlinois. Ils avaient déjà pu faire fête à des naturels de Cameroon, il y a peu d'années ; mais ces Africains de la côte occidentale étaient habillés à l'européenne et portaient des noms portugais. Tandis qu'on tenait maintenant de vrais sauvages, vêtus d'une peau de singe et coiffés de plumes d'aigle disposées en soleil tout autour de leur tête. De plus, ils répondaient à des noms qu'on ne pouvait prononcer sans éternuer. On apprit aussi, non sans intérêt, que ces indigènes n'avaient aucun sentiment de la divinité, sous quelque forme qu'elle se présentât, mais qu'ils brassaient chez eux une petite bière blanche qui, d'après l'estimation des voyageurs, ne le cède en rien à la *petite blonde* de Berlin.

Ces ambassadeurs apportaient des présents pour l'Empereur, entre autres une collection de papillons et une dent d'éléphant qui ne pesait pas moins de cent dix-huit livres. Ils furent logés au *Kaiserhof*, où ils eurent pour voisins les délégués américains.

Pour faire pièce sans doute à ces derniers, le prince de Bismarck, qui ne leur avait donné qu'une audience aussi fugitive que tardive, s'empressa de recevoir avec une cordialité voulue les envoyés du sultan de Mandara. Ils portaient pour la circonstance des bracelets d'ivoire aux bras et des clochettes aux jambes. Le chancelier s'entretint longuement avec eux, par l'intermédiaire d'un interprète; il leur fit servir de la bière et du champagne et leur demanda leur impression sur Berlin. Le premier ambassadeur répondit aussitôt qu'il lui tardait d'en être parti, parce que, sans cela, sa vie entière ne lui suffirait pas à raconter à son souverain combien les Allemands sont forts et puissants.

Cette réponse obtint le plus grand succès dans l'entourage du prince. Une terre où le courtisan fleurit à l'état sauvage est d'une importance trop considérable pour qu'on n'y expédic pas de suite une bonne escouade d'instructeurs à casques pointus.

Le mot du premier ambassadeur fut reproduit dans tous les journaux qui, à partir de cet instant, ne cessèrent d'attribuer à ces hommes-singes toutes sortes de réparties et de naïvetés. Le public les suivait aussi dans leurs explorations à travers la capitale, où ils visitèrent toutes les curiosités.

Au cabinet de figures de cire, connu sous le nom de *Panoptikon*, où l'on représente le capitaine Wissmann entouré de son état-major et conversant avec des chefs africains, ils furent pris d'une grande frayeur. Ils croyaient qu'on allait, par un coup de magie, les figer sur place pour le plus grand amusement des Berlinois. Ils versèrent des larmes en songeant qu'ils ne reverraient plus leur patrie. Ce n'est que lorsqu'on eût cassé un doigt à un personnage du groupe pour leur prouver qu'il n'était pas en vie, qu'ils reprirent quelque confiance.

A la fabrique d'armes de M. Louis Lœwe, ils furent pris de vertige en voyant des ouvriers tenir à bras tendus deux marteaux, alors qu'ils avaient peine à en soulever un seul; et, lorsque le maître de l'usine leur offrit un revolver en souvenir de leur visite, ils se tournèrent vers leur interprète en lui demandant combien il y avait donc de rois à Berlin; — pour eux, tous ceux qui font des cadeaux sont des rois.

Aussi de quelle auréole dut paraître entouré à leurs yeux, l'empereur Guillaume II, lorsqu'ils reçurent les présents qu'ils étaient chargés de porter, de sa part, à leur souverain. La cargaison se composait d'un modèle de bateau à vapeur, d'un petit train de chemin de fer, d'une pompe à incendie, d'une lanterne magique, de plusieurs animaux à musique, d'un parapluie, d'un clysopompe et d'un costume de *Lohengrinn*, tiré du magasin d'accessoires de l'Opéra. Les vingt femmes du sultan recevaient chacune un bracelet et un collier *en imitation*. Enfin, le fils aîné de Mandara, qui a l'âge du petit prince impérial d'Allemagne, peut, à l'heure présente, se donner le divertissement de traverser le désert en vélocipède, costumé en cuirassier prussien.

Quelle ne fut pas l'émotion de ces enfants du désert en apprenant que l'Empereur d'Allemagne avait manifesté le désir de les recevoir. Les Siamois, en mettant le pied dans la Galerie des Glaces, à Versailles, où les attendait Louis XIV, ne se sentirent point saisis d'un plus profond respect que ces sauvages de l'Afrique orientale en pénétrant dans la cour du Palais où Guillaume II les attendait, ce qui permit à la foule d'assister à leurs exercices.

Car ce fut une véritable représentation acrobatique que cette audience impériale. C'était à se tordre de rire de voir ces diplomates pousser des hou! hou! en l'honneur de l'empereur et de l'impératrice, qui était présente. Puis ils chantèrent; puis ils dansèrent. Et lorsque les souverains se furent retirés, ils se jetèrent sur les jambons et sur le champagne qu'on leur distribuait en plein air, en se querellant pour avoir les meilleurs morceaux et les plus franches lampées.

Et dire que ces braves gens étaient venus sans doute pour parler politique!

*Les Marocains.*
*Insinuations fallacieuses.*
*L'Allemagne au Maroc. — La fièvre coloniale.*
*Bismarck dans la lune.*

Quelque temps auparavant, en plein carnaval, étaient arrivés à Berlin des ambassadeurs de l'empereur du Maroc. Ils apportaient à l'empereur d'Allemagne tout un stock d'armes ciselées, de tapis brodés, de selles soutachées d'or ; plus : dix chevaux, dont on a dit merveille.

Depuis nombre d'années, l'Allemagne fait des avances au sultan du Maroc, dont les États confinent à l'Algérie. Ce serait si doux de tenir la France en échec de ce côté-là.

Qu'on ne croie pas à une supposition gratuite : l'Allemagne ne cache guère son jeu sur ce point. On en peut juger en lisant ces lignes, ou entre ces lignes, extraites du *Petit Journal* de Berlin :

« ...Disons-nous bien que le sultan du Maroc tient
» la France pour un prétendant dangereux et que
» c'est pour cette cause *qu'il se rapproche de son*
» *ennemi.* D'autre part, il est certain que le Maroc

» *mérite toute notre attention*, comme voisin immé-
» diat de l'Algérie. Les Kabiles et les Arabes de la
» Nouvelle-France sont soumis, mais ne sont pas
» gagnés à leurs conquérants. Toutes les fois que la
» France est dans l'embarras, ils essaient de secouer
» le joug qui les opprime et, si nous n'étions mal-
» heureusement pas en mesure, en 1871, d'utiliser
» et de favoriser le soulèvement qui eut lieu à cette
» époque, il en est tout autrement à l'heure pré-
» sente, par suite de notre alliance avec l'Italie.

» Ajoutons que le Maroc a de vieux comptes à ré-
» gler avec la France. A cause de l'appui qu'il donna,
» en 1841, à Abd-el-Kader, le Maroc fut obligé d'en
» venir aux mains avec la France. Des villes maro-
» caines furent bombardées par la flotte française;
» l'armée du Sultan fut battue; ses campements
» furent détruits. Sept ans plus tard, une ville du
» littoral marocain fut de nouveau bombardée par
» une escadre française. Dans ces conditions, il n'est
» pas étonnant que les Marocains tournent leurs
» regards vers le pays qui a abaissé l'orgueil de la
» France et qui, *tôt ou tard, sera forcé par les Fran-*
» *çais eux-mêmes de renouveler cette correction.* »

L'Allemagne au Maroc, voilà donc le rêve de tout
bon Allemand; le drapeau noir, blanc et rouge à
Tanger, voilà le but transparent de la réception solennelle qui a été faite aux ambassadeurs du Sultan.

7.

L'Allemagne n'a pas encore pris droit de cité sur les bords de la Méditerranée, mais elle y a déjà planté des jalons. En effet, un mois à peine après le départ des Marocains, on annonçait à Berlin l'ouverture prochaine d'un service régulier de paquebots entre Hambourg et le Maroc. Une expédition recrutée par les soins de la Société de géographie commerciale et de la Banque d'exportation, devait inaugurer cette ligne, avec mission d'explorer à fond le territoire marocain, « afin de préparer le terrain *pour l'installation d'artisans et d'ouvriers allemands* » qu'on était en train de recruter. Ce programme a été suivi en tous points, et l'on peut dire que le Maroc est actuellement en bonne voie de germanisation.

Mais où donc s'arrêtera cette fièvre d'aventures lointaines qui s'est emparée soudainement des esprits allemands? Un journal satirique de Vienne représente le prince de Bismarck à la séance du 28 janvier 1889, où il prôna pour la première fois les entreprises coloniales :

« Messieurs, s'écrie le chancelier, je vous jure que mon opinion n'a point varié sur la question des colonies. Je la vois d'un œil peu favorable et je ne donnerais pas les os d'un grenadier poméranien pour tout un royaume d'outre-mer. Mais quand l'honneur du pays est en jeu, c'est une autre affaire.

Vous pouvez compter sur moi : partout où se trouvent des Américains, des Anglais et des Français, je me mettrai à leur place. Si les circonstances l'exigent, nous irons jusque dans la lune;... puis viendra le tour de la Grande-Ourse et de la Petite-Ourse;... Sirius nous appartiendra, j'en fais le serment,... et si vous dites un mot, j'annexe toute la Voie lactée. »

*Une ambassade en bas de soie.*
*Les cadeaux de l'empereur du Maroc.*

L'ambassade marocaine qui a honoré Berlin de sa présence au mois de février n'était pas la première qu'on vît en cette ville. Il en était venu une, il y a quelques années, dont le souvenir est resté. Elle se composait, comme récemment, de beaux hommes drapés majestueusement dans de vastes burnous d'un blanc immaculé. Un seul détail choqua la population : ils marchaient pieds nus.

L'empereur Guillaume I<sup>er</sup> leur envoya pour premier cadeau des bas de soie... qu'ils s'empressèrent d'attacher à la poignée de leurs sabres. Cette fois ils les ont mis à leurs pieds.

Après le départ de la dernière mission, il s'est trouvé que presque tous les cadeaux qu'elle avait apportés étaient d'origine allemande ou française. Les étoffes de brocart ont été reconnues pour avoir été fabriquées à Elberfeld ou à Lyon; les lames des sabres portent les marques de Solingen ou de Saint-Étienne, et les fusils à pierre, de vieille provenance européenne, n'ont fait que passer par Tetouan, Fez et Marraksch, pour y être incrustés de versets du Coran.

Cela a été une doulouseuse surprise, mais les relations diplomatiques n'ont pas été rompues pour cela entre les deux pays. Loin de là !

# CHAPITRE IX

## L'EXPÉDITION WISMANN

*But de l'expédition. — Le capitaine Wissmann.*
*L'ancienne Compagnie de colonisation.*
*Conduite des Allemands envers les indigènes.*
*Tout comme aux Samoa.*

L'expédition Wissmann a pour mission officielle de réprimer le brigandage amené dans l'Afrique orientale par les mauvaises affaires de la Compagnie de colonisation allemande. Elle doit aussi combattre l'esclavage, suivant le programme du cardinal Lavigerie, et faire bénéficier les populations délivrées du joug arabe des bienfaits de la civilisation germaine. Mais son véritable but est de préparer à l'Allemagne un empire colonial qui, par sa situation, commande à la mer des Indes et batte en brèche les influences étrangères, notamment celle de la France sur le continent africain.

Le capitaine Wissmann était l'homme désigné pour cette besogne. C'est un ancien officier de l'armée qui a déjà traversé l'Afrique de part en part, et auquel aucun moyen ne répugnera pour mener l'aventure à bonne fin. Questionné par un reporter de la *Pal Mall Gazette* sur les procédés qu'il comptait employer, le chef de l'expédition allemande résuma son plan en ces quelques mots :

— Le bâton d'abord ; ensuite nous verrons.

Voilà qui promet aux naturels de Zanzibar et des contrées voisines, une existence qui leur fera regretter chaque jour le temps heureux où les factoreries germaines n'avaient pas encore découvert le débouché de l'ivoire, qu'on appelle la marchandise blanche, en opposition à la marchandise noire, c'est-à-dire à la traite des nègres.

Il est vrai qu'on avait déjà commencé à user de rigueurs envers les indigènes avant le capitaine Wissmann. La Compagnie de colonisation ayant géré ses opérations d'une façon si pitoyable qu'on dut la mettre en liquidation, elle s'en prit aux possesseurs du sol, que, dans sa méchante humeur, elle rendit responsables de tous ses déboires. Bien plus, elle présenta les habitants des contrées qu'elle exploitait comme des monstres féroces, toujours prêts à tuer et à piller, ce qui l'autorisa, à ses propres yeux, à commettre toutes sortes d'exactions à leur endroit, et même à les réduire en esclavage et à les traiter avec une barbarie que ne connaissent même pas les Arabes du désert.

Cette situation ne pouvait durer longtemps : ce qui devait arriver arriva. Un beau jour, les naturels se révoltèrent contre leurs oppresseurs ; ils tuèrent quelques colons, brûlèrent quelques factoreries..., il n'en fallait pas plus pour amener des représailles à coups de canon. Le port de Windi fut bombardé, comme premier avertissement, et une expédition à main armée fut décidée pour continuer le grand œuvre d'assimilation.

Or, veut-on connaître la vérité sur les événements qui accompagnèrent les débuts des Allemands sur la terre qui fait face à l'île de Zanzibar? Elle nous sera donnée par ce cri d'alarme et de reproche, échappé à la conscience outragée d'un voyageur et dont un journal de Hambourg s'est fait l'écho :

« Ma conviction est que les événements actuels ont été amenés par les mauvais procédés et les mauvais traitements dont on a usé à l'égard des nègres. Qu'est-ce qui a assuré leur bonne réussite aux Stanley, aux Thompson, aux Cambier, aux

Fischer, aux Reichardt?... Leur aménité, je dirai volontiers leur familiarité dans leurs relations avec les indigènes! En vérité, c'est une énigme pour moi que tout ait pu changer si promptement et si complètement sur la côte orientale. Pas plus tard qu'en 1885, j'entrepris, de Zanzibar, sur l'avis de la maison que je représentais, une grande tournée par Dhan, Pemba, Lamu, Mombaza, Pangani, Savani, Bagamoyo, Kilva et Lindi. Mon domestique formait toute mon escorte.

» Je parcourus, sur mon âne, l'adorable île de Pemba, du sud au nord. — En m'apercevant, les enfants s'enfuyaient en criant : *Am akuja msungu!* (voilà un blanc!); mais là se bornait l'épouvante causée par mon approche. Prévenus, les habitants accouraient pour me faire hommage et me conduire dans leurs demeures. J'ajouterai que je ne portais aucune arme avec moi.

» Je ne m'étais muni d'aucune recommandation, mais je fus accueilli partout si chaleureusement que j'avais honte de n'avoir à offrir à ces braves gens qu'une poignée de mains pour tout remercie- ment. A Pemba, je fus même invité par un riche Arabe à manger, au même plat, avec lui, la poule au riz traditionnelle, faveur dont peu d'Européens peuvent se vanter d'avoir été l'objet. Je vois encore la bonne figure de mon hôte, me disant, en riant :

« On voit que tu n'as pas encore l'habitude de te servir de tes doigts »... Le soir, je m'entretenais avec toute une foule de nègres, devant la case mise hospitalièrement à ma disposition. Il me fallait leur parler, jusque fort avant dans la nuit, de l'Europe, de nos grandes villes, de la neige et de la glace..., et tout ce monde m'écoutait avec une telle avidité que ce n'est pas sans peine que je parvenais à me soustraire à la curiosité de mon entourage pour prendre quelque repos.

» En un mot, la pensée qu'il pût m'arriver quelque chose parmi ces braves gens, ne m'est jamais venue. Ce sont de véritables enfants pour la douceur et la confiance. Aussi ne puis je rien comprendre à ce qui se passe. Mais voilà ! Un pauvre nègre, qui ne demande et ne doit rien à personne, vit tranquillement dans son coin, sans soucis ni besoins. Survient, un beau jour, un blanc qui, par l'intermédiaire d'un interprète, lui intime l'ordre d'avoir à le considérer dorénavant comme son maître, ajoutant que si les choses ne marchent pas à son gré, il saura bien dompter les « *chiens* » récalcitrants. Alors, l'effet suivant de près la menace, le pauvre diable se révolte. Et comme dans ce pays on ne connaît pas les demi-mesures, il se défend avec rage et ne fait pas de quartier à qui veut attenter à son repos et à sa liberté... »

Cette lettre fit le tour de la presse allemande, ce qui n'empêcha pas M. de Bismarck de déclarer, dans le même temps, à la tribune du Reischtag, que les Allemands s'étaient parfaitement conduits en Afrique, et que ce n'était pas à leur arrogance, comme le prétendait la malveillance publique, qu'ils devaient d'avoir été chassés de leurs comptoirs.

### Le blocus.

C'est à ce moment que fut décidé le fameux blocus, auquel la France refusa fort sagement de prendre part. C'était une occasion trop belle de montrer la marine allemande pour qu'on la laissât échapper. Les Anglais et les Portugais consentirent à se joindre à cette croisière, mais c'était uniquement pour avoir l'œil à ce qui se passerait ; car on n'a jamais vu qu'un bâtiment anglais ou portugais ait empêché les trafiquants de marchandise noire de faire leur commerce, ce qui était le but, ou plutôt le prétexte, de l'entreprise.

Par contre, les navires allemands montraient un zèle extraordinaire. Ils fouillaient toutes les barques

et croyaient voir des esclaves partout. C'étaient à
tous moments des méprises qui finirent par mé-
contenter tout le monde, à commencer par les
colons, dont toute cette perturbation ruinait le
trafic. Quant aux esclaves arrachés à leurs trai-
tants, on ne savait plus qu'en faire après les avoir
délivrés. Leurs maîtres, arrêtés pour la forme par
les autorités de Zanzibar, mais relâchés aussitôt,
allaient attendre leur marchandise à la porte de la
ville, où elle retombait facilement en leurs mains,
ce dont elle ne se plaignait qu'à demi, car les
nègres déclarent ouvertement à qui veut les entendre qu'ils aiment bien mieux appartenir aux
Arabes, chez lesquels ils mangent bien et travaillent
peu, que de servir chez les Allemands, qui les
nourrissent mal, les brutalisent et exigent d'eux un
travail surhumain. Le commerce de la marchandise
noire n'a, d'ailleurs, jamais été aussi prospère qu'en
ces derniers temps : un esclave se paie couramment
soixante-dix dollars dans l'île de Pemba.

Par contre, la marchandise blanche n'arrive
presque plus à la côte occupée par les Allemands.
Les chefs de caravane redoutent la civilisation
armée des blonds enfants du Nord et, pour vendre
leur ivoire, ils prennent maintenant de préférence
le chemin des possessions anglaises et portugaises.

*Bouchiri. — Un dîner au désert.*
*Félicité détruite — Une invite à l'esclavage.*
*Fin de la Compagnie coloniale.*


Zanzibar a son Abd-el-Kader qui s'appelle Bouchiri.

Il n'est point le sultan de l'île; celui-là est favorable aux Allemands, du moins en apparence; mais il est le véritable sultan de la terre ferme, avec une armée qui est accourue sous sa bannière, à son premier appel. C'est un homme de soixante ans, de forte corpulence, ancien négociant, et qui a pris les armes pour essayer de rétablir l'ordre compromis par les menées allemandes.

Comme on peut le penser, les Allemands détestent Bouchiri. Ils le représentent comme un sauvage ivre de sang et glouton de chair fraîche. Ils ont tort, car Bouchiri est un homme civilisé, qui boit du très bon vin et dont la table est recherchée. Un voyageur allemand qui, dans le temps, a reçu son hospitalité dans le désert, a consigné ce menu que ne réprouverait pas un cuisinier du grand Wissmann lui-même:

Potage purée d'antilope.

Quenelles de foie au gingembre.

Selle de buffle.

Salade de concombres.

Buffelsteak.

Feuilles de concombre en épinards.

Œufs au miroir.

Njumbus pont-neuf.

—

Hydromel mousseux au safran.

—

Volaille rôtie

Gibier

Pommes de terre au sucre.

Compotes de tamaris.

Omelette aux bananes.

—

Fromage de chèvre.

—

Café. — Cigarettes.

Comme paysage, un vrai décor de Fromentin. A l'ombre d'un acacia gigantesque, les convives ont pris place, à mi-côte, autour d'une table recouverte d'un tapis aux couleurs éclatantes. En arrière se trouve la tente du maître et le hangar aux marchandises. A quelque distance, et en demi-cercle, les porteurs et les soldats de l'escorte se sont construits des gourbis en paille. Devant chacun d'eux brûle un

feu de bivouac, sur lequel rôtit un quartier de buffle.
La fumée monte claire dans le ciel bleu, sur lequel
se détachent de légers nuages roses, chassés par le
vent d'ouest. Comme horizon, la plaine immense
striée d'ombres fuyantes et terminée par des montagnes jaunes et violettes. Çà et là on aperçoit la
silhouette d'une antilope. Au bas de la côte, des
femmes, vêtues de chemises d'un blanc immaculé,
vont chercher de l'eau. Elles remontent en chantant
des mélopées d'un sentiment mélancolique. Sous
les gourbis, de joyeux propos s'échangent. Tout ce
monde a l'air heureux.

C'est ce bonheur que le capitaine Wissmann a
mission de détruire. Son expédition était vue d'assez
mauvais œil un peu partout, même à Zanzibar, où
l'amirauté se prononçait énergiquement contre elle.
Mais cet ancien lieutenant de chasseurs avait
l'oreille de l'Empereur; ses projets avaient séduit
l'humeur aventureuse du jeune souverain; M. de
Bismarck l'avait pressé sur son cœur, à la suite
d'une audience où il lui avait exposé ses plans... il
n'en fallait pas davantage pour qu'il fût mis à la tête
d'une véritable armée, avec du canon, des muni-
tions et des boîtes à charpie.

Le nouveau Pizarre quitta Berlin au commencement de mars. Au Caire, il forma ses contingents,
en embauchant des guerriers de diverses origines.

Puis il cingla vers Zanzibar où il arriva précédé d'une belliqueuse réputation. Le sultan lui fit fête et l'invita à jouir d'une vie contemplative dans son île. Mais le capitaine avait hâte de commencer les hostilités; aussi se dirigea-t-il, sans tarder, et sans même attendre que son monde fût au complet, vers Bagamoyo, sur la terre ferme, où les forces éparses de l'ancienne Compagnie s'étaient retranchées.

Tout d'abord il questionna les hauts fonctionnaires de cette Compagnie. L'un d'eux, l'architecte Hœrne, lui fournit ce document instructif :

« Pour le travail des plantations, on n'obtiendra jamais rien des indigènes. Ils sont intelligents et ne tarderont pas à demander des salaires élevés. De plus, quand une besogne ne leur conviendra pas, il se peut très bien qu'ils aillent chercher fortune ailleurs. Dans ces conditions, l'esclavage peut seul nous fournir des ouvriers en nombre suffisant et dans des conditions qui nous permettent de mener à bonne fin notre entreprise. »

Le capitaine, venu pour combattre l'esclavage, dut être singulièrement surpris à la lecture de cette pièce. Il y répondit en annonçant à la Compagnie coloniale qu'elle avait cessé d'exister et qu'elle était convertie, par décret, en Corporation d'Empire, dont il avait la direction, en qualité de commissaire impérial. Du même coup, le docteur Peters, explorateur bien connu, et qui peut être considéré comme le père de la colonisation allemande dans l'Afrique orientale, était dépossédé de son titre de directeur et de consul général d'Allemagne. Il fut, comme son collègue Knappe, des Samoa, victime du *furor consularis* invoqué par le Chancelier... Ainsi finit cette Compagnie de l'Afrique orientale qui avait rêvé de ressusciter l'ancienne et glorieuse Compagnie des Indes.

*Impatience à Berlin. — Mauvaises nouvelles.*
*Premier rapport du capitaine Wissmann.*
*Les vilenies qu'on y remarque.*
*Nos missionnaires français. — En avant, Wissmann !*

Entre temps, on trouvait à Berlin que le capitaine Wissmann était bien long à agir. Puis, de mauvaises nouvelles circulaient. La petite vérole s'était, disait-on, déclarée dans l'armée de débarquement, où elle causait autant de ravages que la fièvre jaune à bord des croiseurs. Le chef de l'expédition avait télégraphié pour qu'on lui envoyât immédiatement des médecins et des médicaments dont il manquait. On parlait de soixante malades, chiffre énorme si l'on se reporte au minime effectif des troupes de débarquement, lesquelles se montaient à 550 hommes prêts à marcher, plus 190 hommes destinés à l'occupation de Dar-es-Salaam. (Dans ces chiffres, les Allemands n'entrent que pour 60 hommes, dont 20 officiers.)

Ces informations ne laissaient pas que d'impressionner vivement le public, d'autant que d'autres mauvaises nouvelles arrivaient, coup sur coup, d'autres points de l'empire colonial. Dans l'Afrique occidentale, le corps d'expédition venait d'éprouver un échec sanglant aux environs de Betika : une partie de l'équipage de la *Hyène*, ayant mis pied à terre, avait été fort maltraitée dans une rencontre ; plusieurs matelots avaient été tués, et les deux officiers qui les commandaient avaient été blessés grièvement. La *Gazette de l'Allemagne du Nord*, dont on connaît les attaches officielles, donnait sur cette affaire des détails qui ne laissaient aucun doute sur sa gravité.

Les choses en étaient là, lorsque le premier rapport du capitaine Wissmann parvint au Cabinet impérial. Il expliquait les retards et montrait de quelle façon la campagne serait menée.

Après avoir raconté ses premières impressions et détaillé les mesures prises pour une attaque prochaine, le commissaire impérial expliquait en ces termes son attitude envers le chef arabe :

« L'amiral Deinhard avait conclu un armistice avec Bouchiri ; il lui avait même fait des propositions de paix.

» Comme je n'étais pas encore prêt, je respectai cet armistice ; mais dorénavant je n'aurai plus aucune relation avec ce Bouchiri, attendu que je compte beaucoup plus sur un coup décisif que sur une entente à l'amiable, si avantageuse qu'elle puisse paraître.

» J'avais ordonné de pendre haut et court deux individus convaincus d'espionnage, mais j'ai dû, sur l'insistance des autorités anglaises, suspendre l'exécution jusqu'à ce que Bouchiri ait rendu les missionnaires de Mamboia qui sont en sa puissance.

» Ces missionnaires sont pour moi de véritables poucettes aux mains. »

Cette pièce est édifiante. Ainsi, voici un officier, qui était hier encore simple lieutenant dans un régiment, et qui, de prime abord, vient parler en maître à un amiral, détruisant son œuvre de conciliation déchirant ses traités, compromettant son autorité. De plus, ce même officier, feignant le respect d'un armistice, joue de ce moyen pour mieux tromper son adversaire. Enfin, il table d'avance sur la bonne foi de ce dernier, pour surseoir à une exécution capitale arrêtée d'avance dans son esprit..., autant de procédés peu dignes d'un pays qui a la prétention de faire la guerre « *sérieusement.* »

On s'étonnera peut-être que les missionnaires aient inspiré quelque scrupule à l'auteur de ce programme?... C'est qu'ils étaient anglais. S'ils avaient été français, il est certain que le capitaine Wissmann eût passé outre. Ceci ressort très clairement de ce passage de son rapport :

« J'ai spécifié aux missionnaires français de se retirer derrière mes fortifications ou d'aller à Zanzibar, ajoutant que s'ils ne le faisaient pas, je déclinais toute responsabilité. Bouchiri continue à considérer comme neutres les missionnaires français. S'il commençait cependant contre eux quelque hostilité, je leur donnerais l'ordre de quitter immédiatement la côte. »

La vérité, c'est que Bouchiri ne songeait nullement à attaquer la mission française. Sans compter qu'il rendit, contre mille roupies et les prisonniers qu'on lui avait faits, non seulement les missionnaires anglais, mais encore les pères et les sœurs de la mission catholique allemande.

Désormais, Wissmann avait le champ libre.

*Grande victoire remportée par l'Expédition Wissmann
sur un âne paissant en liberté.*

Le 8 mai, le capitaine attaqua le camp de Bouchiri, situé à quelque distance de Bagamoyo.

Ce jour-là, à six heures du matin, les fusiliers marins des navires *Leipzig*, *Carola* et *Schwalbe* abordèrent au rivage pour se joindre aux troupes de l'expédition.

A sept heures, on se mit en marche. Les sous-officiers allemands, réunis en corps d'élite, étaient en blanc; les Soudanais portaient l'uniforme jaune, avec le fez rouge; les Zoulous étaient vêtus de sarraus bleu clair, avec le col aux couleurs allemandes, noir, blanc et rouge. Sur cette masse bigarrée tranchaient les vareuses des matelots allemands et les costumes primitifs, consistant principalement en bracelets et en jambières d'or et d'argent, des conducteurs de caravanes, engagés volontaires dans cette expédition. Les Allemands avaient avec eux deux canons à tir rapide, dont l'un avait été pris aux Arabes dans une récente escarmouche.

On prit la route du camp de Bouchiri, d'abord par des chemins tracés, puis par des bois de palmiers, sous lesquels la chaleur était accablante. Ces bois étaient coupés par des prairies où l'herbe s'élève à hauteur d'homme. Ensuite on traversa un marais, où les Allemands laissèrent leurs bottes comme dans une revue fameuse passée par feu l'empereur Guillaume Ier, en Alsace. Les indigènes, plus avisés, s'étaient déchaussés avant d'arriver à ce marécage.

On fit halte à six cents mètres du camp, situé sur une colline et entouré d'une palissade de bambous. Tout y paraissait calme. Seul, un âne paissait tranquillement, en avant. C'était l'âne de Bouchiri, son âne favori, son âne de bataille.

En apercevant cet animal, Wissmann ne put contenir sa fureur. Il marcha droit à Maître Aliboron, et, à bout portant, il lui brûla la cervelle.

Une décharge générale répondit à cette agression. Le lieutenant Schelle paya pour l'âne de Bouchiri, ainsi que le matelot Foell, du *Leipzig*. D'autres Allemands furent gravement atteints. Du fretin des Soudanais et des Zoulous, on ne parle pas.

Alors on fit avancer l'artillerie. Bombes sur bombes tombèrent dans le camp des Arabes, et ce n'est que lorsque tout y fut en feu, et que la purée humaine s'y montra suffisamment compacte, qu'on

8.

prit la décision d'entrer par la brèche, dès long-temps pratiquée.

Pendant le bombardement, la plus grande partie des assiégés, Bouchiri en tête, avaient pris le large. Il ne restait au camp que des infirmes et des apeurés. C'est sur eux que s'acharna le *furor teutonicus* chanté par M. de Bismarck.

On garda les issues, on tira sur tout ce qui s'y présentait, et quand les corps humains obstruèrent les passages, on s'en servit comme d'épaulements pour fusiller tout ce qui était à l'intérieur.

Puis, quand ce fait d'armes fut accompli, le capitaine Wissmann donna l'ordre d'incendier tout ce qui restait debout. Les cases, les gourbis, sans hommes ou avec hommes, flambèrent bientôt; et autour d'eux, les Soudanais et les Zoulous organisèrent des danses guerrières, auxquelles se mêlaient les accents solennels du *Heil dir im Siegeskranz*.

Disons-le de suite : Wissmann ne partageait pas cette joie. Il avait tué l'âne de Bouchiri, mais Bouchiri courait la campagne. Sa fureur était extrême, et il jura de tout saccager, jusqu'à ce qu'il l'eût retrouvé, et qu'il l'eût tué, de sa propre main, comme son âne.

Ce qui n'est pas encore fait à l'heure actuelle, c'est-à-dire plus de trois mois après la glorieuse bataille que nous venons de raconter.

# CHAPITRE X

## LA GUERRE AUX JUIFS

*Frédéric le philosophe.*
*Religion de Guillaume II. — Le cas du baron Cohn.*
*La véritable cause de l'échec de M. Jacques.*

A l'occasion de l'anniversaire de la naissance de
Frédéric le Grand, un journal militaire de Berlin a
publié plusieurs lettres de ce souverain à d'Alem-
bert. Dans l'une d'elles on trouve ce passage :

« Jésus était un juif, et nous brûlons les juifs.
Jésus personnifiait la patience et non la persécution.
Il enseignait une excellente morale que nous ne
suivons pas. Il n'a pas établi de dogmes, mais les
conciles se sont chargés de cette besogne. Le Christ

était de la secte des Esséens, dont la morale ressemblait à celle de Zénon. En défendant la religion du
Christ, je défends celle de tous les philosophes,
mais je rejette en même temps toutes les doctrines
qui ne proviennent pas de lui. »

Guillaume II n'a pas encore affirmé ses opinious
philosophiques, en admettant qu'il en ait, ce qui
est problématique, car en matière de religion, il
paraît se rapprocher de la pratique étroite et piétiste de son grand-père. Nul ne se croit, plus que
lui, souverain par la grâce de Dieu. De plus, la reli
gion met en ses mains une bonne arme de commandement ; cela seul expliquerait son zèle à couvrir
de sa chape impériale tout ce qui tient à la dévotion d'église. Lors de son voyage au Cap Nord, il
n'y avait pas de chapelain à bord du *Hohenzollern ;*
c'était l'empereur qui lisait les prières, le dimanche
matin, et qui adressait à l'équipage un sermon
sur les devoirs du soldat.

Quant aux juifs, Guillaume II ne les brûle pas
comme son ancêtre, mais il ferme les yeux sur les
persécutions dont ils sont l'objet. S'il poursuit le
pasteur Stœcker, ce n'est point parce que celui-ci
voudrait faire une hécatombe de juifs, mais bien
parce qu'il s'est mis en tête de créer une religion
sociale qui penche presque du côté des doctrines
de M. Bebel.

Aussi bien, l'empereur n'a pas toujours à se louer des juifs, encore que ces derniers poussent des soupirs et crient miséricorde.

Tel est le cas du baron Cohn, un homme bien à plaindre. Ce financier, qui opère à Dessau, était le banquier particulier de l'empereur Guillaume I<sup>er</sup>. A ce métier il a gagné beaucoup d'argent, la croix du Mérite et les honneurs de la savonnette ; mais ces avantages ne lui suffisent pas. Il était l'argentier du roi, il a voulu devenir celui du royaume. Souvent il s'était ouvert de ce désir au vieil empereur, mais celui-ci faisait la sourde oreille. « Nous verrons », disait-il, et l'on parlait d'autre chose. Cependant les années s'écoulaient. Alors, craignant une catastrophe prochaine, le baron écrivit résolument à Guillaume I<sup>er</sup> pour lui demander de le nommer banquier de la couronne.

Trois jours après, l'empereur mourait ; son fils lui succédait ; Guillaume II venait ensuite, plein de grâces et de promesses. C'était, pour le baron, l'occasion ou jamais.

Il se fit donc annoncer chez son nouveau maître et lui demanda, les yeux pleins de larmes, ce qui ne l'embellissait pas, de sanctionner un engagement pris envers lui par son grand-père. La mort seule, ajoutait le vieux renard, avait empêché l'empereur Guillaume I<sup>er</sup> de signer sa commission.

Guillaume II tient à satisfaire les vœux de son aïeul, surtout lorsqu'ils ne le gênent pas dans ses projets : Il fit donc bon accueil à la requête du baron, lui promit, à lui et à ses descendants, sa clientèle et celles des siens, et donna des instructions pour que le bienheureux brevet fût expédié promptement.

Hélas ! Trois fois hélas ! Le malheur a voulu qu'en dépouillant les derniers papiers de Guillaume Ier, on tombât précisément sur la requête du financier, impitoyablement biffée, au crayon bleu, avec ce mot : *Jamais !*

L'empereur l'a pris de très haut avec le baron Cohn, qui n'est même plus banquier particulier.

Cette petite histoire, et d'autres semblables qui se répètent tous les jours, pourraient expliquer la croisade des anti-sémites ; mais ceux-là vont trop loin. Ils voient le juif partout, et quand on leur prouve que l'homme visé n'est pas juif, ils le traitent de valet de juif, ce qui est pis encore.

Un soir, en sortant d'une réunion anti-sémitique, où l'on avait menacé de mort tous les Rothschild de la création, un pharmacien de la rue de Leipzig qui s'intéressait aux choses de la France, et que préoccupaient notamment les élections parisiennes, me disait :

En y réfléchissant, il n'est pas étonnant que

Boulanger ait été nommé ; Jacques doit être juif.

J'eus toutes les peines du monde à convaincre mon interlocuteur qu'en dehors de M. Drumond, personne ne s'inquiète des juifs, en France.

*L'étudiant Blum. — Un duel suivi de mort.*
*Les obsèques.*

Si l'anti-sémitisme se limitait aux pharmaciens, il n'y aurait que demi-mal. Mais le malheur est que cette lèpre se propage dans toutes les classes de la société.

S'il est un endroit d'où les idées des temps les plus arriérés devraient être bannis, c'est assurément l'Université. De jeunes gens discutant de choses de religion et se battant pour elles, voilà qui dépasse l'entendement. Le cas s'est présenté cependant.

Un étudiant juif, du nom de Blum, se disposait à quitter l'Université, où il venait de prendre ses derniers grades ; mais avant de retourner dans ses foyers, il voulut adresser quelques conseils au comité général des étudiants. Il se rendit, dans ce but, à l'une des séances de ce comité, auquel il reprocha vivement son intolérance :

— Vous en êtes arrivés, dit-il, à demander que les juifs soient exclus des Universités.

Personne ne s'inscrivant en faux contre cette assertion, Blum s'emporta :

C'est une honte, s'écria-t-il, de faire partie de votre association.

Grand émoi, cette fois, dans le comité. L'un de ses membres prend cette apostrophe pour une injure personnelle. Il demande satisfaction et l'obtient sur l'heure. On se rend au Grünewald ; on se bat au pistolet, à dix pas. A la seconde balle, Blum tombe raide mort.

On se figure l'émotion qui s'est emparée du public, à l'annonce de l'issue fatale de ce duel; on ne parlait que de cet événement, dans Berlin ; et le jour des funérailles, qui était un dimanche, la moitié de la ville était dehors, pour rendre hommage à la victime.

La curiosité tenait bien sa place dans cet empressement, car on avait annoncé que les étudiants figureraient dans le cortège en grand costume d'apparat. Ce fut un spectacle d'un autre âge et qui présentait un coin pittoresque, auquel le fond du tableau formait une opposition pleine de sinistres dissemblances. Cette jeunesse, en barrettes échancrées, en bonnets byzantins brodés d'or, le gant à vaste manchette posé sur la coquille de la rapière, la poitrine drapée dans les plis d'une écharpe multicolore, la botte immense frappant le pavé, cette jeunesse, qui est l'ornement obligé des villes en fête, des kermesses patronales et des cortèges historiques, n'était pas à sa place devant cette maison en deuil, d'où s'échappaient des chants étranges, où Jehovah marquait tour à tour sa colère et sa pitié.

Un rabbin prit la parole. Il avait choisi pour thème de son discours ces mots de l'Écriture : *Ceux que j'avais élevés, l'ennemi les a détruits.* Puis le chœur de la synagogue entonna le chant des morts, et le convoi se mit en marche. Le chemin est long de la maison mortuaire au cimetière des juifs, relégué dans une banlieue de Berlin ; mais, sur tout le parcours, une foule immense formait la haie ; les fenêtres étaient garnies de monde, et dans les promenades, les arbres disparaissaient sous des grappes humaines.

Il faisait nuit quand on parvint au cimetière. Quelques torches s'allumèrent, et à la lueur de ces flammes enveloppées de noir, les drapeaux s'inclinèrent et se levèrent comme pour un serment, tandis que de toutes les poitrines s'échappait un chant d'étudiants, triste et viril à la fois.

### *Du sang de chrétien.*

L'émotion causée par ce drame commençait à se dissiper, et la trêve consentie sur le cercueil de l'étudiant Blum se poursuivait, malgré les efforts des chefs de l'anti-sémitisme, lorsqu'une nouvelle se répandit subitement, qui fit jaillir une flamme vive et claire du foyer prêt à s'éteindre.

Cette nouvelle était si fantasque, si invraisemblable, que personne n'y voulut croire tout d'abord. Elle était vraie pourtant. Un jeune lévite de Breslau avait attiré chez lui un petit garçon de huit ans, en lui promettant du chocolat et des cerises ; là, après avoir mis à nu la poitrine de l'enfant, il lui avait fait, avec un canif, une piqûre, d'où sortirent quelques gouttes de sang qu'il recueillit précieusement sur une feuille de papier brouillard ; puis il avait congédié son petit patient en lui donnant un cigare en chocolat et cinq pfennigs pour acheter des cerises.

Ce fut cet argent qui fit découvrir l'étrange pratique dont avait été l'objet le petit Séverin. Son père, surpris de voir une somme aussi considérable entre ses mains, voulut en connaître la provenance. Il pressa l'enfant de questions et finit par apprendre ce qui s'était passé dans la chambre du lévite. Tout d'abord il crut à un attentat d'un genre spécial ; mais bientôt il dut se détromper, sur les conclusions du tribunal, lequel, écartant toute préméditation contraire aux mœurs, n'avait retenu de l'instruction que le chef de blessure volontaire, et, pour ce fait, avait condamné le futur serviteur de Jehel à trois mois de prison.

On peut se figurer les imprécations que suscita ce dénouement : Un juif se procurant du sang de chrétien ! Mais c'était le retour aux pires pratiques du moyen âge. Jadis, on brûlait, après les avoir soumis aux plus affreuses tortures, les fanatiques soupçonnés d'un pareil attentat. Malheureusement, les temps de sainte croyance n'existent plus, et l'on ne saurait relever le bûcher. Mais au moins, l'on pouvait compter sur un châtiment supérieur à tous ceux qu'entraînent les crimes humains.

Et au lieu de cela... trois mois de prison !

*L'Anti-Sémitisme en Autriche.*
*Un choix de dilemmes. — Un bal d'anti-sémites.*
*Luttes de gymnastes.*
*Une loge de Juif. — La grève des Tramways.*

Cette singulière affaire fit grand bruit non seulement en Allemagne, mais en Autriche, où l'anti-sémitisme, vieux de cinq ans seulement, fait des progrès si considérables qu'il a déjà changé complètement le caractère des Autrichiens.

Il suffit de mettre le pied à Vienne pour se rendre compte de cette transformation. Où l'on trouvait jadis l'urbanité et l'amabilité, l'on ne rencontre plus maintenant que haine et misanthropie. Comment la plaie de l'anti-sémitisme a-t-elle envahi cette aimable ville? C'est un cadeau de l'Allemagne! Et cependant ils sont soixante-dix mille juifs à Vienne, c'est-à-dire près du dixième de la population. A la vérité, on n'en est pas encore arrivé à parquer les juifs à part dans les théâtres et dans les voitures publiques, ou même à les en exclure, comme autrefois les nègres en Amérique, mais on est sur cette voie. A chaque maison, on peut lire sur des écriteaux de chambres à louer cette inscription : *Nur fur Christen* (pour les chrétiens seulement) ; à tous les pans de murs on trouve l'annonce de pamphlets à l'adresse des fils d'Abraham et de Jacob ; et dans la rue, l'on répand à profusion un imprimé portant, en tête, ces mots : *Guerre à la corruption ! Mort aux Juifs ! Émancipation des grands capitaux !*

Dans ce *factum* se trouve ce dialogue très caractéristique :

— Voulez-vous protéger la corruption ?

— Non.

— Alors vous êtes anti-sémite !... Êtes-vous pour la domination des juifs ?

— Non.

— Alors vous êtes anti-sémite !... Êtez-vous pour l'exploitation du grand capital ?

— Non.

— Alors vous êtes anti-sémite.

Le peuple lit cela, et quand un juif passe, il détourne la tête et crache par terre, ce qui ne l'empêche pas de lui acheter des cravates et des cure-dents ; car, malgré la persécution dont ils sont l'objet, les marchands juifs encombrent tous les endroits publics où ils ne vous laissent de repos que lorsque vous leur avez acheté quelque chose.

Une anecdote montrera mieux qu'une longue dissertation où l'on en est arrivé à Vienne, dans le domaine de l'anti-sémitisme. Entre tous les bals qui ont fait à cette ville une auréole de gaîté frétillante, celui du troisième arrondissement a toujours compté parmi les plus brillants de la saison. On y entend l'orchestre d'Edouard Strauss, chef d'orchestre de la cour ; et les danses y sont dirigées par le maître de ballets Rabenstein, une célébrité du cotillon. Or, l'année dernière, la nouvelle municipalité, composée d'anti-sémites, n'a rien trouvé de mieux que de remercier le premier, à cause de la désinence israélite de son nom, et le second, par ce qu'il a pour sous-chef un juif.

En France, où cette croisade, beaucoup plus politique que religieuse, n'a, Dieu soit loué ! pas encore pénétré, l'on se demande souvent ce que c'est au juste que l'anti-sémitisme. Je répondrai: l'anti-sémitisme est archi-allemand, et partant anti-français. A Vienne, on en a la preuve palpable ; tous les anti-sémites appartiennent au parti allemand, c'est-à-dire au parti favorable à l'alliance austro-allemande. Deux fois, au comité des sociétés de gymnastique, on s'est battu, pour savoir si les gymnastes autrichiens devaient prendre part aux concours de Paris, pendant l'Exposition, et de Munich, où s'étaient donné rendez-vous tous les gymnastes de l'Allemagne.

Pour cette dernière ville, plusieurs membres dé -

clarèrent que les sociétés autrichiennes n'avaient
que faire en Allemagne. Alors, les anti-sémites, qui
étaient en nombre, se précipitèrent sur eux en les
traitant de valets de juifs. On vida la querelle en
gymnastes, c'est-à-dire à poings fermés, avec adjonc-
tion de savate et de boxe anglaise ; bientôt, la mêlée
fut générale ; ce fut, pendant toute la soirée, un
échange de horions, où les nez de toutes les Confes-
sions subirent des outrages communs.

En Hongrie, l'anti-sémitisme ne paraît pas encore
avoir pris le dessus, mais il se remue pour balayer,
suivant son programme, les juifs qui ont tout en-
combré. A l'appui de cette assertion, le docteur
Kombossy, chef du bataillon sacré, cite ce fait qu'à
la loge maçonnique Kalman, de Budapest, sur cent
membres on ne compte que cinq chrétiens. Entre
temps, et dans la crainte d'exposer à des avanies et
à de mauvais traitements les négociants en grains
qui accourent chaque année de toutes les parties de
l'empire, et notamment de Hongrie, pour assister à
la foire annuelle des grains, qui se tient à Vienne en
septembre, le syndicat de la Bourse des céréales a
décidé que cette réunion n'aurait pas lieu cette
année.

Cette résolution n'a rien qui doive étonner, car les
émeutes qui ont accompagné la grève des tramways
viennois prenaient leur mot d'ordre auprès des

comités anti-sémitiques. C'était la *Première* des nouveaux élus du suffrage municipal. Partout, dans ces deux journées désormais historiques, l'on trouvait la main des anti-sémites; partout les cris : *A bas les juifs ! A mort les juifs !* retentissaient, sinistres. Les pierres volaient dans les vitres des Israélites ; à l'Hôtel-Rouge, aux Favorites, l'émeute soutenait un siège en règle contre tout un bataillon ; dans tout le quartier, les tuiles, les pierres, les ardoises pleuvaient ; on entendait des cris de douleur auxquels répondaient d'alarmantes clameurs; le café Wagner, rue du Chapitre, a été pillé, saccagé, au cri de : *Tuez tout !* Une charge de housards, dans l'établissement même, a seule empêché la réalisation de cette menace ; enfin, dans la même rue, un débitant de boissons, du nom de Kornberger, fut massacré devant son établissement, aux cris de : *A mort le juif !*

Pendant ce temps, on voyait de nombreux personnages parcourir le quartier en voiture, d'où ils excitaient les groupes auxquels ils distribuaient de l'argent ; car l'argent a joué un grand rôle dans ces tristes journées. Les grévistes en avaient reçu pour se tenir à l'écart ; on les voyait festoyer en famille dans les quartiers tranquilles, tandis que la populace se livrait, autre part, et sous leur couvert, à des excès sans nom.

Il faut l'avoir vue à l'œuvre, cette populace, pour se faire une idée de la rudesse et de la brutalité du bas peuple viennois. Le spectacle était écœurant. Il faisait singulièrement réfléchir sur le compte de l'Autriche, qu'on ne voit, en France, qu'à travers les beaux yeux de madame de Metternich et les vagues harmonieuses du *Beau Danube bleu.*

*Protestations de la presse autrichienne.*
*Un mot de Napoléon I<sup>er</sup>. — En Autriche.*

Pour revenir à l'anti-sémitisme dans les États de l'empereur François-Joseph, les violences ont été si loin que les citoyens soucieux de leur indépendance ont fini par relever la tête et que les journaux que préoccupe le combat des libertés publiques ont entonné l'hymne de la défense sociale. A ce titre, c'est un véritable cri de guerre que vient de pousser la *Nouvelle Presse libre.*

Dans un premier article, cette feuille, qui a rapidement pris le premier rang dans la presse viennoise, attaque la question nettement. « Souffrira-t-on plus longtemps, dit-elle, qu'une classe de la société

9.

qui a quarante mille hommes sous les drapeaux,
soit insultée journellement dans ses sentiments les
plus intimes ? Le gouvernement permettra-t-il qu'un
million de fidèles serviteurs de la monarchie soient
exclus de toute vie politique et sociale ? Enfin, les
citoyens eux-mêmes ne prendront-ils point le parti
de se débarrasser d'une bande de fanatiques, dont
les menaces paralysent le commerce, entravent l'industrie et refoulent, dans les réserves, les capitaux,
dont la seule possession semble constituer un
crime ? »

Au Parlement, des protestations pareilles se sont
produites. Le ministre, M. de Taaffe, les a soutenues
il a même dit leur fait aux anti-sémites, mais en
ayant soin d'ajouter que chacun était libre de penser
suivant son bon plaisir. On ne peut pas dire plus
galamment : « Faites ce que vous voudrez ; je m'en
lave les mains. »

Et cependant le mal empire chaque jour. Depuis
les élections municipales, les cercles où l'on mange
du juif lèvent la tête et demandent qu'on passe de
la parole à l'action. Pour une réunion interdite par
la police, vingt, trente congrès se tiennent en per-
manence. Si l'on ne prend pas des mesures radicales, on ne tardera point à assister, en Autriche, à
des Saint-Barthélemy, où, sous prétexte de juifs,
seront confondus, dans une même exécution, tous

ceux qui ne sont pas enrôlés sous la bannière sacro-sainte.

Napoléon avait bien raison quand il disait que l'Autriche est toujours en arrière d'une armée et d'une idée.

L'anti-sémitisme nous a conduits en Autriche. Restons-y. Les destinées de l'empire de François-Joseph sont trop liées à celles de l'Allemagne, momentanément du moins, pour que tout ce qui touche à cette puissance et à la désagrégation vers laquelle elle marche à grands pas, n'intéresse pas ceux que préoccupent les événements dont l'Europe peut être témoin d'un jour à l'autre.

# CHAPITRE XI



AU PAYS DES TCHÈQUES

*Chapeau à plumes et casque à pointe.*
*Tchèques et Russes.*
*La ville de Prague. — Le Ghetto.*
*Origine de la guerre de Trente ans.*

Prague est la vraie porte par laquelle il faut
entrer en Autriche. Dès la sortie de la gare, une
apparition d'un autre temps frappe la vue. Cet
homme, habillé de noir, le chapeau à plumes crâne-
ment rejeté en arrière, évoque le souvenir d'un
mousquetaire de Wallenstein. C'est le sergent de
ville préposé au maintien de l'ordre. Ils sont trois
cents, de ces mousquetaires, à Prague, et la police

y est aussi bien faite, sinon mieux, que s'ils portaient le casque à pointe.

Le casque à pointe! suprême menace de tout ce
que l'Allemagne touche de son aile. L'armée bavaroise l'a reçu pour ses étrennes, au premier jour
de l'an 1888, en remplacement de la coiffure à che-
nille importée d'Angleterre, il y a plus d'un
siècle ; l'armée italienne l'adoptera prochainement
sur l'ordre du roi Humbert, qui en est coiffé, paraît-il ; et Guillaume II est en instances auprès de
l'empereur d'Autriche pour le lui imposer. La
triple alliance sous le même bonnet, tel est le rêve
du jeune empereur d'Allemagne.

Mais, au fait, où est-elle, la triple alliance?

Il suffit de mettre le pied dans le pays de Bohème
pour se convaincre de sa fragilité. Les Allemands
y sont mal vus, même les Allemands de l'intérieur,
c'est-à-dire les Autrichiens, et si la langue chère
à M. de Bismarck y résonne, ce n'est qu'exception-
nellement. Les gens du peuple parlent tchèque,
ne parlent que tchèque, et lorsqu'on leur demande
un renseignement en allemand, ils tournent le dos
et s'éloignent dédaigneusement sans répondre.
Cette langue tchèque est très harmonieuse; elle
ressemble au russe, dont elle est la sœur d'origine.
Comme j'en faisais la remarque à un voisin de
table, voyageur en articles de Berlin, il poussa

un soupir et dit avec une certaine amertume :

— Oui, et c'est pour cela qu'ils aiment les Russes.

Je ne recommencerai pas la description, faite souvent, de la ville d'Ottokar et de Charles IV. Prague est, avec Nuremberg, l'un des plus étonnants et des plus complets spécimens d'une période qui, d'ordinaire, n'a laissé que des produits isolés, même dans les villes les plus connues pour leurs antiquités. A Prague, tout est vieux, et tout est beau. L'élégance des formes, la richesse des ornements le disputent à l'imprévu des oppositions, à l'harmonie des détails. Ces tours, flanquées aux quatre coins de clochetons en faisceaux, ces beffrois où des armoiries en couleur se détachent sur la pierre noircie, ces vieilles portes où des tronçons de herses se voient encore ont grand air et prédisposent l'esprit à de fantastiques chevauchées. Il semble qu'on va voir apparaître un de ces cortèges comme en a représentés le peintre Mackart, avec des seigneurs en velours et des femmes nues portant des aiguières en or sur leurs épaules... Est-ce une illusion ? Le son du cor a retenti, prolongé, plaintif, proche la poterne de la Tour de Poudre. Est-ce un Habsbourg de l'ancienne lignée qui va faire son entrée dans sa bonne ville royale ?... Eh non ! vraiment, c'est le tramway qui s'arrête à cet endroit pour prendre des voyageurs à destination du pont qui, depuis cinq cents ans, se mire dans les eaux de la Moldau.

Des deux côtés de ce pont, des groupes allégoriques, des statues, des monuments commémoratifs se succèdent. Soudain, les voyageurs du tramway se découvrent, et les femmes se signent dévotement : on passe devant un Christ qui fut élevé aux frais d'un juif en 1606.

Il devait avoir de gros méfaits sur la conscience, ce juif, car en aucun pays les fils d'Israël n'ont été plus chez eux qu'à Prague. Ils ont leur quartier spécial, le Ghetto, où ils vivent encore actuellement, et où tout s'est conservé comme autrefois. C'est l'une des grandes curiosités de la ville. L'étranger ne peut manquer d'y jeter un regard étonné. Pour l'artiste, c'est un aimant qui l'attire sans cesse. Ces ruelles, ces maisons basses, ces caractères hébraïques sur tous les murs sont comme un vieux livre d'estampes ouvert à sa page la plus pittoresque. Comme public, une ruche humaine ! Les gens vont et viennent, se croisent, s'interpellent. Sur le pas des étaux, des marchés se concluent. Partout des bibelots, partout des loques, partout de vieux habits. Des enseignes se balancent, très historiées, au-dessus de cette foule grouillante. Mais voici des rabbins qui passent ; l'heure de la prière est venue et les synagogues s'emplissent.

Cette grande indépendance des juifs de Prague semblerait indiquer que le mouvement anti-sémitique n'a pas de prise dans la capitale bohémienne. Il n'en est rien. Là, comme partout, en Allemagne et en Autriche, la croisade prêchée dans les temples de Berlin a jeté ses racines. Comme je visitais le vieux cimetière israélite, fermé depuis cent ans, et où les pierres tombales sont tellement entassées qu'elles semblent des taillis de pierre, le gardien, auquel je faisais valoir la grande tolérance dont avaient joui ses coreligionnaires de Prague, à travers les siècles, hocha la tête et me dit :

— On voit bien que vous n'avez pas vécu sous le règne de Marie-Thérèse.

Il ajouta :

— Maintenant, cela menace de devenir plus mauvais encore.

Je m'efforçai de rassurer mon cicérone, et comme il commençait à se faire tard, je me dirigeai rapidement vers l'escalier de deux cents marches, par lequel on parvient au Hatschin, curieux amas de cathédrales et de vieux burgs, d'où l'on plane délicieusement sur la ville, en s'approchant d'une fenêtre par laquelle furent précipités deux envoyés impériaux, avec leur secrétaire, le 23 mai 1618.

Cette exécution sommaire fut le point de départ

de la guerre de Trente ans. Les petites causes produisent souvent de grands effets.


*Vieux Tchèques et Jeunes Tchèques.*
*L'homme aux petits bouquets.*
*Une Chambre incomplète.*
*Tentatives de rapprochement.*


Au moment de mon arrivée à Prague, le Landtag venait de se séparer. On y avait beaucoup ergoté, beaucoup politiqué et surtout beaucoup crié contre les Allemands, — contre les Allemands de l'extérieur aussi bien que contre les Allemands de l'intérieur.

Ces derniers, qui forment le parti du gouvernement, sont battus en brèche de tous côtés par les Tchèques qui sont restés maîtres de leur pays. Cela n'a pas été sans peine, car depuis un demi-siècle les Tchèques poursuivent leur œuvre d'autonomie, défendant pied à pied, contre les Allemands prépondérants, la conservation de leurs droits, de leurs écoles, de leur langue.

En ces dernières années, le parti national s'est

divisé en deux camps. Les Vieux-Tchèques sont demeurés fidèles au principe de leur chef, le docteur Riéger, qui avait prôné la patience dans l'obstination. Les Jeunes-Tchèques ne montrent pas la même placidité, c'est le parti de l'action, qui veut jouir, et jouir vite de son œuvre.

Les Jeunes-Tchèques ont le nombre et l'audace voulue pour tenir la campagne. Ils sont dirigés par des chefs ardents et sympathiques, les députés Gregr et Hérold ; aussi leurs rangs s'accroissent-ils rapidement. Ils étaient dix à la dernière Diète ; ils sont cinquante à la nouvelle. Tout récemment les Jeunes-Tchèques ont tenu leurs assises annuelles, dans lesquelles ils ont voté leur programme de combat définitif. Le point principal de cet ultimatum est le couronnement immédiat de François-Joseph comme roi de Bohême. Il prêtera serment à la Constitution que le pays se donnera, laquelle aura pour principe la création d'un Parlement national et d'un ministère indépendant, le tout sur le modèle de la Hongrie.

Il n'est pas besoin de dire que Jeunes et Vieux-Ttchèques sont également ardents pour la revendications des droits de la Bohême et qu'ils ne sont divisés dans leur politique que sous le rapport de leurs moyens d'action. Mais entre eux la lutte ne laisse pas que d'être souvent assez vive. Au congrès récent des Jeunes-Tchèques, le député Gregr blâma les Vieux-Tchèques, alliés des cléricaux et contraires à l'indépendance absolue du pays. Et, de fait, on ne peut nier que le docteur Riéger s'est, en ces derniers temps, prêté à des transactions et à des combinaisons de circonstance, réclamées par le ministre, comte de Taaffe.

D'origine irlandaise, né en Bohême, Tchèque par vocation, Autrichien par éducation, ancien compagnon de jeunesse de l'empereur, bien vu à la cour et populaire à la ville, M. de Taaffe conduit, depuis dix ans, les affaires de l'État avec un désir de contenter tout le monde qui lui a valu la sympathie de ses adversaires eux-mêmes. L'honneur que lui a fait l'empereur d'Allemagne de lui épargner le grand cordon de l'Aigle Noire, dont il avait bombardé tous les coryphées de la triple alliance, a parachevé l'œuvre de bonne entente. On lui a su gré, dans une bonne partie de l'Autriche, et dans tous les autres pays de l'Empire, de s'être attiré le dépit de Guillaume II.

Un journal satirique représente ce ministre aimable en prestidigitateur, tirant des petits bouquets d'une boîte inépuisable. Il y en a pour tout le monde : « un petit bouquet aux Allemands ! un petit bouquet aux Tchèques ! un petit bouquet aux libéraux ! un petit bouquet aux cléricaux !... il n'y a pas là de magie, messieurs, mesdames ; il n'y a que de l'adresse. »

Naturellement, le petit bouquet aux Tchèques est le plus coquet. Les meilleures gâteries de M. de Taaffe sont pour ses compatriotes, et cela se conçoit. Mais il en est pour ses frais. Son rêve serait, non point de réconcilier les Tchèques et les Allemands, — ceci serait un rêve de trop haute fantaisie, — mais du moins d'obtenir des premiers un grain de bonne volonté. En un mot, ce qu'aurait désiré M. de Taaffe, c'eût été de faire réintégrer aux Allemands leurs sièges au Landtag, d'où les a chassés l'agressive humeur des Tchèques ; car la délégation de Bohême présente ce spectacle, unique dans l'histoire parlementaire, d'une fraction de la Chambre, qui représente presque la moitié de ses membres, ne siégeant pas et demeurant étrangère aux décisions de l'assemblée.

Quelques esprits conciliants se sont préoccupés de cet état de choses, et, tout en conservant les positions acquises, se sont efforcés d'y apporter des changements. On a prononcé le grand mot de compromis, et, pour commencer, de pressantes démarches ont été faites auprès des députés allemands, pour leur faciliter la rentrée dans le sein de la Délégation. Le représentant Riéger a même, pour avoir raison de leurs scrupules, introduit quelques phrases allemandes dans son discours, ce qui pouvait passer pour une grande hardiesse, mais les Allemands boudeurs n'ont pas cédé devant ces avances.

Le comte Clary, qui exerce une véritable autorité sur ses compatriotes, a fait appel au bon sens public dans un article de la *Bohemia*, qui a produit une grande effervescence dans les clans tchèques ; puis, développant son sujet, il a fait paraître plusieurs lettres dans le *Messager de Teplitz*, où il s'élève contre l'égoïsme de ses compatriotes, qu'il adjure, par des considérations d'état particulières, de témoigner quelque déférence à l'Autriche, — ce sont ses propres paroles... Vains efforts ! Les Allemands demeurent plus que jamais cantonnés dans leur retraite : — Tant que nous n'aurons pas de garanties sérieuses contre l'empiètement journalier des Tchèques, nous resterons chez nous, disent-ils.

De leur côté, les Jeunes-Tchèques se sont jetés à la traverse de tout projet d'entente, en déclarant bien nettement qu'ils ne veulent avoir rien de commun avec les Allemands et que ceux-ci peuvent rester chez eux.

« Celui qui oserait signer une pareille capitulation, s'écriait le *Narodny-Lysti*, serait balayé par la colère du peuple, ce représentant auguste de la force, de la gloire et de l'unité de la patrie. »

*La religion menacée.*
*Le parti réaliste. — L'Université de Prague.*
*Les « Vieux Messieurs. »*

Les Allemands balayés, les Tchèques ont été plus loin. Assurés de leur victoire, ils veulent la conserver par tous les moyens possible. Dans ce but, un nombreux parti s'est formé, qui serait disposé, pour créer un fossé plus profond entre les deux races, à substituer la religion grecque à la religion catholique.

Pour qui connaît la promptitude avec laquelle le peuple impressionnable de la Bohême prend ses décisions et les exécute, l'adoption du culte dont le Tzar est le chef peut être l'affaire de peu de temps. C'est là, jointe à tant d'autres, une grosse menace pour l'Autriche.

D'autre part, et en vertu de l'axiome : un patriote trouve toujours un plus patriote que soi, un professeur de l'Université tchèque, le docteur Mazoryk, vient de créer un parti plus avancé que celui des Jeunes-Tchèques, auquel il donne le nom de Parti réaliste. En politique comme en reli-

gion son cri de guerre est : En avant !... En politique, on laisse faire le professeur Mazoryk, parce
qu'on sent bien qu'on ne peut pas enrayer le
grand mouvement autonomiste qui s'est emparé de
la Bohême, mais on cherche à le rattraper sur la
religion, en le faisant passer pour libre penseur.

Ce seul mot est un épouvantail en Bohême ; aussi
nombre de gens, qui deviendraient volontiers ses
coreligionnaires politiques, et auxquels la suprématie du Tzar-pape ne déplairait pas, demandent-ils
à cor et à cri qu'on poursuive et qu'on garrotte le
professeur Mazoryk. Mais ce nouveau prophète ne
fait que rire de ces menaces. Il a pour lui une
bonne portion de l'Université, et cela lui suffit.
Avant de se séparer pour les vacances, les étudiants
lui ont fait une ovation, à la sortie de son cours, et
ont brûlé sous ses yeux un numéro du *Czech*, journal
clérical, qui l'avait attaqué.

Les étudiants sont, d'ailleurs, sûrs de l'impunité,
de la part de l'administration. Une complaisance de
celle-ci leur a montré leur puissance.

On sait que la Faculté de Prague se compose de
deux institutions absolument indépendantes : l'Université tchèque et l'Université allemande. Leurs
démêlés se sont fréquemment traduits par de sanglantes échauffourées ; mais jusqu'à présent ces
querelles s'étaient localisées entre étudiants ;

tandis que le public est entré en compte en ces derniers temps.

L'Université allemande de Prague possède une société chorale, la *Liedertafel*, qui tient ses séances dans une brasserie de la ville. Les chants qui s'élèvent de ce temple gambrinal ont souvent provoqué les murmures de la population, car ils sont, pour la plupart, imprégnés de ce patriotisme agressif qui est le propre des inspirations germaines. Cependant on laissait ces jeunes gens exhaler paisiblement les notes menaçantes de leur répertoire, lorsqu'un incident, en apparence futile, est venu soudainement ameuter contre eux une foule prête à saisir toute occasion de leur manifester son hostilité.

La *Liedertafel*, jalouse de recueillir les suffrages auxquels sa valeur musicale lui donne droit, avait coutume d'admettre à ses séances des auditeurs étrangers à l'Université, des « Vieux Messieurs » comme on les appelait. Bientôt le nombre de ces « Vieux Messieurs » augmenta, de sorte qu'on fut obligé de changer de local, celui des réunions primitives ne suffisant plus. Alors, le public fit entendre des clameurs, auxquelles la presse fit écho. Mais ces plaintes ne pouvaient amener aucun résultat. Les étudiants étaient chez eux, et personne ne pouvait leur défendre d'admettre à leurs concerts qui bon leur semblait.

10

Toute autre se posa la question, quand on apprit
que la *Liedertafel* venait de décider que tous les
« Vieux Messieurs » pourraient, à l'avenir, faire
partie de la société comme membres inscrits et
payants. Pour le coup, on se fâcha; les journaux
entonnèrent leurs plus bruyantes fanfares, et l'administration, désireuse de faire cesser cet éclat, dut
intervenir. Les parties entendues, elle a rendu son
verdict. Assimilant la société chorale des étudiants
à une réunion académique ordinaire, laquelle,
d'après les statuts universitaires, ne peut se composer
que d'étudiants, elle a interdit aux membres de la
*Liedertafel* de se recruter autrement que dans le
sein de l'Université.

Les « Vieux Messieurs » ne sont pas contents, les
étudiants allemands non plus. Tout cela montre
une fois de plus le profond abîme qui règne entre
les deux races, tchèque et teutonne.

*Un congrès de cordonniers.*
*Sympathie des Tchèques pour la France.*

Encore n'avons-nous parlé que des classes diri-
geantes. Dans le petit monde, les positions ne sont
pas moins nettement tranchées.

Un exemple, entre plusieurs :

Depuis longtemps les associations ouvrières de
Vienne sont en instances auprès du gouvernement
pour avoir part aux commandes de l'État. Cette
faveur ne leur avait été accordée jusqu'ici que dans
des proportions restreintes, lorsqu'un haut personnage fit obtenir aux ouvriers en cuirs et en chaus=
sures une fourniture importante du ministère de la
guerre.

Cette commande était si considérable que les
ouvriers viennois durent, pour la mener à bonne
fin, faire appel aux chambres syndicales du dehors.
Ils s'adressèrent tout d'abord à la corporation de
Prague qui jouit d'une haute renommée pour la
chaussure. Celle-ci s'empressa d'accepter, en priant
toutefois le comité viennois d'envoyer des délégués,

pour s'entendre avec eux sur les détails de l'entreprise.

La chambre viennoise nomma huit mandataires
qui se mirent en route, sur l'heure, pour conférer
avec leurs collègues de Prague. Mais quel ne fut pas
l'étonnement de ces envoyés lorsque, dès leurs premières paroles, un bottier, se levant, demanda que
la langue allemande fût exclue des débats. Les délégués s'excusèrent, en disant qu'ils ne savaient pas
le tchèque. Alors, toute la chambre de protester
contre l'incroyable inconvenance du syndicat viennois, qui lui envoyait des gens ne parlant que l'allemand.

Au milieu des éclats de voix et des cris d'indignation, les délégués continuent à s'excuser. Ils expli-
quent que leur président, qui est originaire de la
Bohême, devait venir en personne, mais qu'il en a
été empêché. Cette déclaration ne suffit pas. Un
assistant se lève et rappelle que les Viennois avaient
déjà, primitivement, manqué aux convenances les
plus élémentaires, en expédiant, pour les premiers
pourparlers, des circulaires en allemand. C'est alors
un *tolle* général ; on montre le poing aux délégués ; il
s'en faut de peu qu'on leur fasse un mauvais parti.

Mais les Viennois tiennent bon contre l'orage. Ils
se répandent en protestations sympathiques et pro-
mettent que leur président viendra prochainement

faire amende honorable à la barre de l'assemblée, en son nom personnel, et comme représentant de la corporation qu'il dirige.

Ce compromis finit par calmer les esprits. Les Tchèques maugréent, mais ils acceptent en principe la proposition qui vient de leur être faite : Ils attendront les excuses des Viennois, avant de s'occuper de la commande.

Et voilà comment l'armée autrichienne aurait pu manquer de chaussures, si les affaires s'étaient gâtées, en Europe, du jour au lendemain.

Ne quittons pas la Bohême sans rappeler que lors des assises dont nous avons parlé, les Jeunes-Tchèques ont voté l'ordre du jour suivant :

« Les Tchèques sympathisent avec la France, PARCE QUE LA FRANCE EST L'ENNEMIE DE L'ENNEMIE DES TCHÈQUES. »

# CHAPITRE XII



*A propos au centenaire de la Révolution.*
*Les colères d'un marchand viennois.*
*Sus aux Allemands!*
*Le parti de l'alliance avec la France.*


A Vienne, on est loin de nous témoigner les mêmes
sympathies qu'en Bohême. L'Autriche a sur le cœur
la Lombardie et la Vénétie que nous avons données
à l'Italie; aussi, dans le peuple, ne manque-t-on
aucune occasion de manifester à la France haine et
colère. Un membre de la municipalité viennoise
n'a-t-il pas fait à ses collègues l'étonnante proposition d'inaugurer la salle des fêtes du nouvel Hôtel-

de-Ville par une protestation solennelle contre la Révolution française?

Ce magistrat, dont le nom mérite de passer à la postérité, n'est pas un grand seigneur, comme on pourrait le croire. Il n'est pas du sang de ce prince de Windischgraetz, pour lequel l'homme commençait au baron. Il s'appelle Wetter tout court et vend de la toile cirée.

Pour quelle raison ce commerçant en veut-il au grand mouvement de 89?... Parce qu'il fut anti-dynastique, et surtout parce qu'il fut *plutocratique*... Nous laissons aux devineurs de rébus le soin d'expliquer ce néologisme.

Mais ce que nous ne pouvons passer sous silence, c'est que la proposition Wetter, mise aux voix, a été renvoyée à une commission d'étude, malgré les protestations de plusieurs conseillers, et en dépit d'un faux-fuyant du bourgmestre Uhl, qui a fait observer que la salle des fêtes ne serait, sans doute, pas achevée pour le moment propice, c'est-à-dire pour le centenaire de la Révolution. A ce prétexte, les auteurs de la proposition répondaient qu'on pouvait remettre à une époque ultérieure la manifestation projetée. Si cette solennité n'a pas eu lieu, c'est à l'entremise du gouvernement qu'on le doit.

De cette animosité contre la France il ne faudrait pas conclure que l'Autriche s'est jetée dans les bras

de l'Allemagne. De ce côté, les souvenirs de Sadowa
ne sont pas moins cuisants que ceux de Solferino;
De sorte que l'alliance avec l'Allemagne est impo-
pulaire à Vienne, comme dans tout le reste de
l'empire. Si les rapports affectueux des deux souverains, joints à une curiosité bruyante de la foule,
lors du voyage de Guillaume II, ont pu donner le
change sur les sympathies des Viennois pour le fils
de Frédéric III, on n'a pas tardé, dans le public
européen, à mettre à leur point exact ces impressions fugitives d'un peuple qui, pour avoir une
origine commune et des souvenirs traditionnels
avec ses voisins du Nord, n'en veut pas moins rester
indépendant et libre de tout engagement.

Au Parlement, le seul fait de se montrer sympathique à l'Allemagne soulève de fréquents orages.
Un jour, le député Menger s'étant plaint qu'un
pauvre hère n'avait pu obtenir une humble place
de balayeur des rues, dans une petite ville de la
Silésie, parce qu'il ne parlait que l'allemand, les
trois quarts des assistants ont applaudi en criant :
« On a bien fait! Bravo! »

En présence de cette manifestation, le député
Knotz se leva furieux :

— Le sentiment qui anime la majorité de cette
assemblée, dit-il, est une atteinte à la nationalité
allemande, au caractère allemand, à la civilisation

allemande... (*Cris nombreux : Parfaitement, nous ne nous en cachons pas.*)

Le député Knotz :

— L'Allemand est un paria dans l'Etat. (*Vif assentiment.*)

Au cours d'une autre séance, le Jeune-Tchèque Vachaty et le Croate Vitezic sont allés plus loin. Un député du Trentin ayant, par irrédentisme, fait l'éloge de l'Allemagne, son collègue d'Agram lui a crié : *Halten Sie das Maul*, ce qui se traduit en bon français par : Fermez votre g... !

On se figure le scandale causé par cet incident. Vachaty en a profité pour faire pièce aux Allemands. Il leur attribue tout le malaise qui tient l'Europe et réclame l'alliance immédiate de la monarchie austro-hongroise avec la France et la Russie, seul moyen de tenir l'Allemagne en échec et de faire cesser les misères qui oppresssent le pauvre monde.

*Les hussards de Lichtenstein.*
*Le Congrès catholique. — Monsieur Mensonge.*
*Une nouvelle Marie-Thérèse.*
*Les soucis de l'empereur François-Joseph.*

Si toutes les parties de l'empire d'Autriche sont d'accord pour repousser la main de l'Allemagne, le parti catholique, avec lequel il faut compter, n'admet même pas que le nom de l'Italie soit prononcé.

Au Parlement, le prince de Lichtenstein et ses hussards, comme on appelle les ultramontains, somment l'empereur de briser net avec le roi Humbert et de marcher sur Rome pour rétablir le pape sur son trône pontifical. L'un d'eux, le docteur Ebehock, qui est le plus jeune membre du Parlement, se montre si fanatique dans ses discours qu'on doit sans cesse le rappeler à l'ordre. Plus papiste que le pape, cet adolescent ne reconnaît qu'un seul souverain, le pape. On comprend que cette appréciation ne soit pas précisément du goût de la cour austro-hongroise.

Au Congrès catholique, le programme des ultramontains s'est accusé nettement. Sans aller aussi

loin que ses congénères d'Espagne et de Portugal
cette assemblée a formulé de radicales réclamations.
Les écoles, sans exception, devraient être, selon elle,
mises sous la direction exclusive de l'Église, et les
prêtres seuls auraient droit au chapitre, pour régler
les différends entre ouvriers et patrons. Au cours
des débats, on a accusé l'Etat de favoriser l'apos-
tasie. Puis on a parlé politique, ce qui a fourni
à un major de Croates l'occasion de s'écrier que
l'armée autrichienne devrait être déjà devant
Rome.

Parmi les fougueux orateurs de ce congrès on remarquait un farouche démocrate de la veille,
M. Lüge, que son nom malheureux signale depuis
longtemps à l'attention publique (Lüge veut dire
mensonge). Ce Lüge a été la joie du congrès. Il parlait avec tant de conviction que les assistants se demandaient s'ils n'étaient pas le jouet d'un rêve, ou
plutôt s'ils n'étaient pas en présence d'un Sosie de
l'irritable anarchiste qui, peu de semaines auparavant, faisait retentir les voûtes de la même salle des
plus violentes diatribes contre les objets mêmes de
son apostolat nouveau. Mais, comme l'a dit un journal, tous les partis ont eu déjà l'avantage de pos-
séder M. Lüge. C'est un fantoche de plus dans le
clan des fantoches, plus nombreux à Vienne que
partout ailleurs.

Nous avons dit que le prince de Lichtenstein est le chef du parti catholique. Mais d'autres personnalités plus élevées en dirigent, d'une façon occulte, les destinées, au point que l'on a prêté à l'empereur François-Joseph le projet de changer l'ordre de succession au trône en faveur de la petite princesse Élisabeth, fille de feu l'archiduc Rodolphe.

On ne sait si les autres pays accueilleraient favorablement cet accroc à la constitution impériale, renouvelé de Charles VI, car le précédent de Marie-Thérèse n'est pas fait pour rassurer les esprits animés d'intentions pacifiques ; mais il n'est pas étonnant que cette substitution ait pu germer dans la pensée de l'empereur, en vue des complications qu'amènerait fatalement l'avènement d'un souverain favorable aux ultramontains. Tel serait le cas le jour où l'archiduc Charles-Louis, et surtout son fils François, héritiers présomptifs de la couronne, viendraient à régner. Ces princes sont ultramontains dans l'âme, et ne tarderaient pas, si l'un d'eux arrivait au pouvoir, à débuter par un coup d'éclat qui aurait pour conséquence d'entraîner la monarchie austro-hongroise dans une aventure hasardée.

Les bruits qui ont couru sur l'éventualité d'un changement de succession ne sont donc pas sans fondement. Aussi bien, l'archiduc Régnier, qui est la tête forte de famille, vient-il de déclarer nettement la guerre au parti dont l'archiduc Charles-Louis est le président honoraire, en terminant son discours à la séance annuelle de l'Académie des Sciences par ces mots caractérisques :

« Il faut bien le dire, un combat s'est engagé, dans les plus hautes sphères de l'empire, contre la lumière et le progrès, mais nous espérons que ces tristes symptômes ne tarderont pas à disparaître. »

Pour qui connaît la valeur que prend, dans l'esprit public, en Autriche, la moindre parole sortie de la bouche d'un prince, l'agitation causée par ce trait final s'expliquera, surtout si l'on fait la remarque que l'archiduc Régnier vivait complètement éloigné de la polique depuis vingt-cinq ans, et que s'il est sorti de sa retraite avec cet éclat, c'est, paraît-il, à l'instigation et sur les instances de l'empereur lui-même.

Si l'on ajoute les soucis que lui causent les ultramontains à tous ceux dont nous avons esquissé à grands traits les principaux — nous n'avons point encore parlé de la Hongrie — l'on conviendra que peu d'hommes ont une croix aussi lourde à porter que François-Joseph. Pris entre l'Allemagne et ses sujets, il ne sait à qui entendre et s'en remet à la Providence pour dénouer un écheveau que les Parques elles-mêmes n'arriveraient pas à trancher au gré des partis.

Pour ses chagrins intimes, on les connaît. Jamais un drame aussi terrible que celui de Mayerling n'a ensanglanté les degrés d'un trône. Un Shakespeare viendra, qui racontera cette sombre histoire; on est trop près des événements pour les mettre à leur véritable point; les impressions de la première heure, seules, sont à noter.

*Le drame de Mayerling.*
*On a tué l'archiduc.*
*Les journaux. — Contradictions.*
*La baronnesse Vetzera.*

Le 30 janvier 1889, au moment où je m'apprêtais à partir pour Budapest, où l'on se battait dans les rues, le portier de l'*Hôtel du Canard d'Or* fit irruption dans ma chambre, et sans m'appeler monsieur le baron, ce qui était l'indice d'une grave perturbation d'esprit, il me cria : *On a tué l'archiduc Rodolphe.*

J'insiste sur ce premier cri, qui est sans doute le vrai, car, encore maintenant, bien peu de personnes croient à un suicide. Je me précipitai dans la rue, où l'émoi populaire était à son comble. La foule formait deux courants, l'un se dirigeant vers le *Château*, l'autre prenant le chemin de la *Schuler Gasse*, où se trouvent les bureaux de la plupart des journaux viennois.

Bientôt un premier Supplément parut, celui de la *Presse*. La nouvelle de la mort du prince figurait, en petit texte, à la dernière page, de sorte que le public, ne trouvant pas de suite ce qu'il cherchait, crut à une mystification. Mais, au bout de quelques instants, la *Nouvelle Presse libre*, le *Tageblatt*, le *Nouveau Tageblatt*, l'*Extrablatt* commencèrent à circuler, encadrés de noir et portant en grosses lettres :

### KRONPRINZ RUDOLPHE... TODT.

*L'archiduc Rodolphe... mort.*

Pour qui connaît la popularité du prince héritier, de Rudi, comme on l'appelait familièrement, l'émotion qui s'empara de la foule, en recevant la confirmation de la triste nouvelle, ne surprendra personne.

Les premiers renseignements indiquaient que l'archiduc avait été blessé à la chasse et qu'il était mort au bout de quelques heures, — la reconstitution du drame a prouvé dans la suite que le prince a été rapporté, mort ou vivant, de la forêt à Mayerling. Instinctivement, tous les regards se portent vers un portrait de Rodolphe, en costume de chasse, publié le dimanche précédent par un journal illustré, qui figure à toutes les vitrines.

Mais bientôt, d'autres feuilles, entre autres la *Gazette allemande* et la *Nouvelle Presse libre*, en un second Supplément, donnent une nouvelle version : *On a trouvé l'archiduc mort dans son lit.*

C'est la première communication officielle, tendant à faire croire à une attaque d'apoplexie. Elle sera démentie, le lendemain, par une nouvelle note annonçant un suicide. De plus, on saisira les exemplaires de la *Nouvelle Presse libre*, où il était dit, à la première heure, que le prince avait été tué.

Ces contradictions font le plus mauvais effet. Elles prouvent qu'on a trop voulu prouver et donnent le champ libre à toutes les suppositions. On parle d'un garde, du nom de Weber — vengeance intime. De grands noms sont prononcés : Auersperg, Lichtenstein, Schwartzenberg; l'archiduc était un galant cavalier, et l'on n'avait qu'à jeter les yeux autour de soi pour remplir une liste d'accusations. Plus tard seulement, on parlera de la baronnesse Vetzera. Celle-là est morte aussi, non à Mayerling, mais dans le voisinage, près de Heiligenkreuz, — dans la maison du garde, — ce qui a été cause de la première confusion. Elle s'est empoisonnée, dit-on; d'aucuns affirment qu'elle a été empoisonnée. La veille encore, on avait vu cette jeune fille, traçant gaîment des cercles savants sur la glace, au cercle des patineurs. Elle ne paraissait point lasse de la vie.

Alors, les racontars de cour se mettent de la partie. Le prince, amoureux fou de cette jolie femme, avait déclaré qu'il divorcerait pour l'épouser. Des scènes terribles avaient eu lieu au Château. L'empereur avait menacé, l'impératrice avait supplié; mais rien n'avait pu vaincre l'obstination de l'archiduc. Il avait écrit au pape, pour obtenir l'annulation de son mariage; il s'était ouvert de son projet à tous ses familiers; et malgré toutes les influences qu'on avait fait jouer, il avait tenu bon. Son voyage à Mayerling était connu d'avance; on savait qu'il devait s'y rencontrer avec la baronnesse; elle ne s'y trouva point, car elle était morte, à ce moment déjà; le prince alla, la nuit, à sa recherche... Que se passa-t-il dans la forêt?... Les grands arbres gardent leur secret.

Dans la suite, on a parlé d'un duel entre un oncle de la baronnesse et le comte Hoyos, ami intime du prince, et qui, le premier, apporta la nouvelle de sa mort à Vienne. Ils auraient été blessés tous deux. Depuis, ils sont morts, l'un et l'autre. Un autre familier de l'archiduc, le comte Bombelles, envoyé un des premiers à Mayerling, est mort aussi... Tout est sombre, tout est mystérieux, tout est lugubre dans cette page d'histoire qui tient déjà de la légende.


### A Mayerling.


Mayerling, vrai séjour de rêveur et de chasseur ! On descend du chemin de fer à Baden, ville d'eaux très suivie dans la bonne saison et l'une des villégiatures préférées de la société viennoise. Plusieurs tramways circulent, mais aucun ne se dirige vers le petit château. Le chemin est long, et les cochers, accourus de tous les coins du pays, tiennent les prix hauts. Au sortir de la ville, on entre dans la vallée d'Helenenthal, vraie Tempé, garnie de villas, festonnée en zigzags, resserrée, pittoresque, et dont les collines, qui sont presque des montagnes, sont couronnées de neige. Les grands mélèzes noirs se détachent vigoureusement sur ces fonds éclairés par un pâle soleil d'hiver.

-Plus loin, la vallée s'élargit ; bientôt on arrive au manoir seigneurial. Il domine le pays et semble mis là pour le plaisir des yeux, avec sa grande porte voûtée, sa tour en clocher, ses grands sapins, et son mur clair, flanqué, à un de ses coins, d'un pavillon

à deux toits superposés. C'était jadis un couvent;
puis ce fut une auberge.

N'étaient des gendarmes qui se promènent à distance et barrent le passage à tout venant, le paysage
semblerait désert et la maison abandonnée. Le ha-
meau de Mayerling, vingt feux environ, est compris dans la zone prohibée. Pour trouver des êtres
humains, il faut aller jusqu'au village voisin
d'Alland. Là se trouve une auberge tenue par l'ancien hôtelier de Mayerling. Cet homme est absent,
mais la salle est pleine de buveurs. Tout ce monde
a l'air fort ému, dans la double acception du mot,
et parle un patois auprès duquel le jargon viennois
semble un langage de chancellerie. On se querelle,
on s'invective; puis on chuchote à voix basse, on se
fait des confidences, et l'on se jure, sur la tête de ce
qu'on a de plus cher, de ne jamais révéler ce qu'on
a vu.

On pensait que l'Empereur serait venu pour em-
brasser une dernière fois son fils bien-aimé. Mais
l'Empereur est resté à Vienne. Le comte Bombelles,
grand-chambellan, a seul paru, le matin, avec le
docteur Wiederhofer, chargé de constater la mort.
Il s'est fait remettre la clef de la chambre mortuaire, puis est reparti pour Vienne, d'où il est
revenu, vers trois heures, avec un cercueil, dans
lequel il a, de ses propres mains, enseveli l'archi-

duc. Pendant toute cette journée, personne n'a pénétré dans la chambre, où le corps du prince était au secret. Un des plus intimes amis de l'archiduc, le comte Wilczek, accouru de Baden, où il faisait une cure, n'a pu obtenir de voir une dernière fois ses traits ; mais, ce qui est plus caractéristique encore, c'est que le chef du parquet de Baden, M. Siebenrock, s'étant présenté pour remplir ses fonctions, il lui fut répondu qu'on n'avait pas besoin de ses services.

Tout le jour, on attend. La nuit est venue, noire, glacée. Sans doute, la translation du corps n'aura lieu que le lendemain. Soudain, vers sept heures, la porte s'ouvre pour laisser passer un équipage où se trouve le docteur Wiederhofer ; un second le suit, occupé par le comte Hoyos et le comte Bombelles ; enfin apparaît un grêle corbillard, sur lequel on lit, en français : *Entreprise des pompes funèbres de Baden*. Il est conduit par un cocher à la mine patibulaire. On ne dirait guère qu'il conduit un prince auquel l'une des plus belles couronnes du monde était destinée.

*Un souvenir de l'archiduc Rodolphe.*
*Ses funérailles.*

C'était aux grandes manœuvres, l'automne de
1887. Une batterie défendait le village de Brischl,
sur la hauteur, proche les bois de Schmerling. Les
coups de canon succédaient aux coups de canon,
jetant un désarroi fictif dans les troupes d'attaque ;
la position semblait imprenable. Soudain, un cavalier sortit d'un bois, en arrière de la batterie. Plusieurs autres le suivaient; en un instant, de tous
côtés, apparurent houzards et dragons. Ils fondirent
sur les canons, réduits subitement au silence. La
bataille était gagnée. Le général victorieux, ce jour-
là, c'était l'archiduc Rodolphe. Toute l'armée l'acclama. C'étaient des hurrahs qui ne voulaient point
prendre fin.

Et c'est ce général qu'on a inhumé, presque sans
soldats, sans drapeaux, sans tambours. Le châtiment est cruel, mais l'Empereur a été inexorable.
Dominant son immense douleur, il n'a pas voulu
que son fils bénéficiât de la pompe exceptionnelle,

telle que n'en montre aucune autre cour, dont on entoure, à Vienne, les funérailles impériales. Des rois, des princes en grand nombre, voulaient se joindre au cortège. L'Empereur a dit : « Je ne veux pas. » Et ils sont restés chez eux. Pas même d'ambassadeurs; pas de députations, militaires ou civiles; personne, dans le cortège, que la maison, que la livrée !

Le peuple est moins sévère pour celui qui n'est plus. Dans les rues, la foule est immense. Elle sait qu'elle ne verra rien, mais elle attend patiemment que les cloches annoncent le commencement de la cérémonie. Au *Graben*, l'orgueil, la promenade de prédilection des Viennois, sur les fontaines de Saint-Joseph et de Léopold, ainsi que sur le monument de la Trinité, des centaines de curieux sont groupés, on ne sait par quels prodiges d'équilibre. Les magasins sont fermés. Des drapeaux noirs flottent à toutes les fenêtres. Les balcons sont également tendus de noir. Sur la chaussée, des camelots vendent des médailles commémoratives, des brins de myosotis attachés avec des rubans noirs, des portraits, des pièces de poésie, des suppléments de journaux.

L'heure des funérailles s'approche. Les voitures de gala percent difficilement la foule, pour parvenir à l'église des Capucins, le Saint-Denis des empereurs d'Autriche. Nombre d'invités mettent pied à terre avant d'arriver à destination. Les Magnats de Hongrie sont splendides dans leur tenue nationale. Les généraux portent l'habit blanc et le chapeau à plumes vertes. On voit aussi des dignitaires de la cour en costumes brodés. De leur côté, certains privilégiés hâtent le pas pour gagner les tribunes élevées sur les décombres de l'ancien Burgtheater. La foule les envie, mais elle se console en admirant la belle prestance des cochers tout dorés et des chasseurs aux panaches multicolores.

A quatre heures, les cloches de Saint-Étienne commencent à sonner le glas. Toutes les cloches de la ville se mêlent à cette sonnerie lugubre. A ce moment, dans la rue, tout le monde est pris d'une émotion qui se communique de groupe en groupe. Les gens se découvrent instinctivement. Un frémissement mystérieux plane dans l'air. Et, au loin, le cortège funèbre se déroule lentement, solennellement. L'Empereur est arrivé, par une autre issue, dans l'église. Il a pris place. Les chantres de la cour entonnent les hymnes de l'Église. Puis, le chant sombre des moines retentit, tombant comme des gouttes de plomb sur l'âme des assistants. L'archiduc Rodolphe repose maintenant parmi ses aïeux. Paix à ses cendres! La nuit est venue. La foule se disperse. Les groupes sont silencieux. Un mot seul parvient à l'oreille, souvent :

-- Pauvre Rudi !

*Vienne sans plaisirs. — L'archiduchesse Stéphanie.*
*Le cocher Bratfisch.*
*Scrupules du clergé. — Poète et archiduc.*

Peu de jours après les funérailles de l'archiduc, le cardinal-prince-archevêque de Vienne lança, par habitude, son mandement de carême, dans lequel il était parlé des pénitences qui doivent suivre les débordements du carnaval.

Cette clause était au moins inutile, car il n'y a pas eu de carnaval cette année. La mort du prince, venant au moment où la Folie donnait le signal des heures joyeuses, a tout arrêté, tout paralysé. Les fêtes ont été contremandées, les violons sont restés dans leurs étuis, les costumiers ont fermé boutique, et la ville gaie par excellence a pris l'aspect d'une urne funéraire.

Prêchant d'exemple, la cour s'est empressée de quitter Vienne, laissant la jeune veuve de l'archiduc, seule, dans le Burg immense, d'où elle n'a pas tardé à se rendre à Miramar, l'ancien domaine de l'infortuné Maximilien, qui lui a été assigné comme résidence.

Que fait-elle de son temps, la pauvre, dans ce château que doivent hanter des esprits d'outre-mer? Pour toute distraction, on lui a monté une maison et on lui a donné un chevalier d'honneur, qui porte un nom français. Quand ce gentilhomme vient, le matin, prendre ses ordres, l'archiduchesse Stéphanie peut lui dire, comme Louis XIII à son favori :

Ah ! j'ai bien mal dormi, monsieur de Bellegarde.

Et, de fait, quels rêves heureux pourraient jamais hanter maintenant le sommeil de l'infortunée princesse? La catastrophe a été trop brusque pour ne pas avoir porté dans son cœur un coup irrémédiable. Puis, il y a l'obsession du mobile qui a causé la mort de son mari.

Tout le monde, à Vienne, a connu l'histoire de l'archiduchesse et du cocher Bratfisch, dont le drame de Mayerling a répandu le nom. La princesse suivait, dans un équipage de la cour, une de ces ruelles étroites dont est fait le vieux Vienne, lorsqu'elle reconnut le fiacre habituel de l'archiduc, stationnant devant une maison de mauvaise apparence. Elle fit arrêter, et, devant tout le monde, questionna Bratfisch. Celui-ci se troubla, s'embrouilla, et finalement convint que son maître était dans la maison. Alors, la princesse mit pied à terre. On crut qu'elle allait faire un esclandre, qu'elle allait monter dans la maison, pour y chercher son mari; mais, plus avisée, l'épouse trompée donna l'ordre à ses gens d'attendre le prince, et dignement, elle monta dans le fiacre de Bratfisch pour se faire reconduire au Château.

C'était là l'une de ces aventures quotidiennes d'où naissaient des scènes d'intérieur qui troublaient perpétuellement l'harmonie du jeune ménage. Mais qu'est-ce que ce souvenir à côté de la passion folle, irréfléchie, cause d'un scandale sans précédent, et qui a frappé la jeune femme, innocente de tout ce mal, dans son orgueil de princesse et dans sa dignité d'épouse et de mère? Les années se suivront, les chagrins s'adouciront, mais la blessure restera béante, comme au premier jour.

Cette blessure, c'est celle de tout l'entourage de celui qui n'est plus. Le premier mot de l'Empereur, à la descente de son wagon, à Budapest, après les funérailles, a été pour le prince-archevêque de cette ville : « Merci pour le *Requiem* que vous avez dit à Vienne. » Il y avait, dans ces paroles, tout l'épanchement d'un cœur reconnaissant. Grâce à l'archevêque de Budapest, des compromis ont été obtenus, qui ont épargné, partiellement du moins, à la famille impériale d'Autriche l'opprobre qui, dans les pays ultra-dévots, s'attache aux suicidés, — et l'on regarde comme suicidé l'archiduc Rodolphe.

L'archevêque de Vienne s'était refusé tout d'abord au déploiement de toute pompe, voire de toute cérémonie religieuse. D'autres prélats partageaient son opinion, et l'on a pu remarquer l'absence de deux cardinaux aux obsèques. Enterrer le prince sans l'assistance de l'Église, c'était aller au-devant d'un scandale qui pouvait avoir les plus fâcheuses conséquences politiques. C'est alors que le primat de Hongrie accourut à Vienne. Il menaça d'emporter le corps de l'archiduc dans sa ville archiépiscopale, et, là, de lui décerner tous les honneurs dus à un prince catholique. Cette fermeté seule put fléchir la résolution de l'archevêque de Vienne.

C'était une grande victoire; car, malgré l'assentiment du haut clergé, c'est par centaines que se sont comptés les chanoines, les prieurs, les abbés et les simples desservants qui ont refusé leurs cloches et fait clouer les portes de leurs églises, plutôt que de dire un office funèbre en l'honneur du défunt.

Le poète hongrois, Jokay, a fait le panégyrique de l'archiduc Rodolphe, dont il était l'ami. Il nous le montre chevaleresque, brave, accompli, souffrant profondément de l'accalmie qui règne en Europe, bouillant du désir de tirer son épée hors du fourreau, et ne rêvant que de batailles et d'actions d'éclat.

Ce n'est pas là précisément le portrait qu'on s'est fait du prince en Autriche, où on l'a pris toujours pour un bon garçon, pour un vrai enfant de Vienne, grand coureur de ruelles, un peu colère, pas mal fantasque...

Qui se serait douté que, sous ces dehors trompeurs, se cachait une âme assoiffée de sang?

Heureusement Jokay est un poète. Sans cela, il aurait rendu à son ami le mauvais service de faire dire de lui qu'il a bien fait de mourir.

# CHAPITRE XIII


A BUDAPEST


*La Famille Tisza.*
*Un père désavoué par son fils.*


A première vue, M. de Tisza ne paraît pas le farouche Hongrois qu'on pourrait croire. C'est un petit vieux, tout en barbe, à l'aspect doux, pacifique, presque timide. La rusticité de ses toilettes, qui lui donnent l'aspect d'un maître d'école endimanché, fait la joie de ses compatriotes. Aussi n'est-il pas ce qu'on appelle un ministre d'*attraction*, propre à remplir les tribunes, sur l'annonce d'un discours.

Par contre, lorsqu'il doit parler, toute sa famille se fait un devoir d'assister à la séance. Il en est de même quand un autre Tisza se produit, car ils sont trois frères au Parlement, sans préjudice d'un quatrième Tisza, fils ainé du ministre.

Ce dernier a fait ses débuts au cours des interminables débats de le loi militaire. Son père venait de déplorer, avec des larmes dans la voix, que ses propres enfants n'eussent montré qu'un goût restreint pour le métier des armes. A ces mots, le jeune Stephan bondit de sa place, se précipite dans l'hémicycle, et, de prime-saut, se lance dans un discours de fond, où, tout en confirmant la déclaration paternelle, il proteste de son respect pour l'armée. Ce fut une révélation. Enfant de la balle, sans souci du danger, accumulant d'abondance métaphores et figures, l'audacieux, chassant de race, se montre d'une éloquence à laquelle on n'était pas préparé. Le Parlement s'émeut de cette belle prestance; amis et adversaires se réunissent én des marques de sympathies communes; au cercle des ministres on félicite chaudement le père du nouveau Démosthènes; et dans la tribune officielle, au milieu de la famille qui déborde d'émotion, le plus jeune des Tisza, le petit Koloman, âgé de neuf ans, envoie de tendres baisers à son frère aîné.

Le ministre lui-même rayonne, bien que son expérience de la tribune ne laisse pas de lui inspirer quelques craintes sur la fin de l'aventure. Son fils va trop loin ; il s'emballe; au premier tournant, il accrochera... Hélas, l'événement ne tarde pas à confirmer cette appréhension. Comme le jeune débutant vantait les bons traitements et les attentions délicates dont il avait été l'objet de la part des officiers, pendant son passage au régiment, une voix lui crie :

— Parbleu ! vous êtes le fils du premier ministre.

Alors Stephan de Tisza, dignement, la tête rejetée en arrière, le regard fixe :

— La vérité m'oblige à déclarer que je regrette d'être le fils du premier ministre.


*La loi militaire.*
*La ménagerie Tisza. — Séances orageuses.*
*Pilule dorée. — L'article 25.*
*Pas d'allemand. — Meetings populaires.*


Ah ! cette loi militaire, à combien d'invectives et de luttes renouvelées des Olympiades n'a-t-elle pas donné lieu !

Après le fils Tisza, le frère Tisza. Toute la série y a passé, — on dit à Budapest, très irrévérencieusement, toute la ménagerie. Le ministre, c'est le *Tigre*, ancien chef du parti des *Tigres*, ainsi nommé parce que ses membres se réunissaient à l'*Hôtel du Tigre*. Son frère, le comte Louis, c'est l'*Éléphant blanc,* à cause de ses armes, de création nouvelle, qui représentent un de ces chastes animaux.

Ces appellations ont souvent retenti au Parlement hongrois, l'hiver dernier, notamment en une mémorable séance de janvier, où le comte Louis faillit être écharpé.

C'est le comte Zichy, homme de sport et fougueux orateur de banquets, qui avait déchaîné cet orage contre son ancien ami politique. Il l'accusait de défection; et comme celui-ci se disposait à quitter l'enceinte, après avoir protesté, vingt, trente députés, trouvant qu'il ne sortait pas assez vite, l'entourèrent et le malmenèrent, en criant : « A la porte, l'*Éléphant blanc!* A la porte, le *Tigre!* Nous ne sommes pas ici dans un cirque. »

De semblables scènes se sont passées presque chaque jour, pendant presque cinq mois, à Budapest. Depuis longtemps on n'avait assisté à pareille levée de boucliers. Les coups pleuvaient dru et les ripostes ne se faisaient pas attendre. Tous les chefs de groupes, tous les orateurs réputés, tous les patriotes éprouvés donnaient avec une furie qui rappelait les grands jours de 1859 ; et ceux-là même qu'on

n'entend pas habituellement sortaient de leur réserve pour apporter à l'action commune le concours
de leur expérience ou de leur popularité.

C'est ainsi qu'on a vu le poète Jokay se jeter déli-
bérèment dans la mêlée.

— Nous sommes le boulevard avancé de la civilisation occidentale, a-t-il dit, et quand l'Europe entière désarmerait, nous devrions hésiter à déposer la
cuirasse.

Le comte Zichy a répondu à ce vénérable représentant des lettres hongroises en évoquant l'ombre
de Deak, le grand patriote, qu'on appelait le sage
de la nation. Il disait :

— Un pays peut reprendre ce qu'on lui a pris,
mais il perd à jamais ce qu'il a donné.

Ce sont là des paroles applicables à bien des si-
tuations, mais qui ont dû résonner douloureusement à l'oreille de M. de Tisza ; car il fut un temps
où Deak était, à ses yeux, un tiède, un ami du
pouvoir. Le député Mezlenyi s'est chargé d'évoquer
ce pénible souvenir :

— Nous sommes loin, a-t-il dit, de l'époque où
M. de Tisza, le ministre actuel, exhortait la jeunesse
de Budapest à l'escorter sur le Corso pour crier
*Eljen Kossuth!* afin que le roi pût apprendre dans
son château d'Ofen que la majorité du peuple était
avec Kossuth et non avec Deak.

En ce temps-là, les étudiants renversaient Palffy à l'instigation de Tisza, et maintenant c'est ce même Tisza qu'ils veulent précipiter à terre.

Mais Tisza se défend. Par quels moyens? Par la force d'inertie, le plus souvent; et aussi par ruse ou par persuasion. Un journal satyrique le représentait, en une série d'illustrations, faisant, à l'aide d'un procédé renouvelé du roi Cyrus, son boniment à la jeunesse hongroise, qu'il s'agissait de rallier aux deux années sous les drapeaux, demandées par le gouvernement :

— Mes amis, mes chers enfants, voulez-vous m'accorder seulement deux jours de votre temps?

— Volontiers.

— Eh bien, aujourd'hui, nous allons, pour commencer, travailler ferme.

— Parfaitement.

— Et maintenant, puisque nous avons bien travaillé, nous allons consacrer notre second jour à bien manger et à bien boire.

— Avec plaisir.

— Eh bien, mes chers camarades, voilà toute la loi militaire. La seconde année de service sera un régal qui effacera tout souvenir des labeurs et des fatigues de la première.

Dans la suite, le gouvernement a composé pour l'article 14, qui indiquait le service de deux ans, mais il a maintenu l'article 25, aux termes duquel les volontaires, pour devenir officiers de la réserve, doivent passer leur examen en allemand.

C'est pourtant cet article qui a donné lieu aux luttes les plus épiques qu'ait jamais enregistrées l'histoire des assemblées législatives.

— C'est honteux qu'il faille parler une langue étrangère pour être officier dans son pays, s'était écrié le député Iranyi.

Cette exclamation a servi de programme à toutes les manifestations qui ont suivi.

La première fut l'œuvre de la jeunesse académique, réunie au *Stadtwaeldchen*, lieu de plaisir, où l'on avait, pour la circonstance, remisé patins et traîneaux. Là, dans une assemblée à l'air libre qui rappelait les anciennes assises du *Rakosfeld*, les étudiants formulèrent une adresse à l'empereur, — on dit, en Hongrie, au roi François-Joseph, — pour lui demander le retrait du projet de loi militaire. « Les étudiants hongrois, était-il dit au début de cette pièce, protestent énergiquement contre toute tendance de germanisation. »

Au grand meeting tenu le dimanche suivant dans l'immense salle de la Redoute, cette attitude non seulement s'affirma, mais encore s'imposa par un cérémonial tout particulier. Dès neuf heures, un grand nombre de députés, en costume national, se pressaient autour du bureau où se faisaient inscrire les orateurs les plus éminents des deux Chambres.

Le député Polonyi, président élu, ouvrit les débats par une chaude allocution qu'il termina par ces mots, couverts d'applaudissements :

— Cette loi !... ah, tenez, messieurs... autant vaudrait nous demander tout de suite de devenir allemands.

Les patriotes qui se succédaient à la tribune développèrent le programme de la résistance. Chacune de leurs phrases était accueillie par des *Eljen* prolongés, auxquels faisaient écho les *vivats* de la foule, au dehors. Ce n'est que fort avant, dans l'après-midi, et alors que le soleil d'hiver, prêt à disparaître, jetait ses derniers feux sur les aigrettes et sur les sabres à poignées ciselées, que l'assemblée se sépara, sur l'injonction autorisée du député Kaas.

Ce vétéran des luttes écoulées, après avoir causé, dans l'assistance, une indicible émotion, par le récit de ses longues années de captivité, s'avança sur le bord de l'estrade, et là, d'une voix prophétique, il s'écria :

— Et maintenant, généreux enfants, disséminez-vous, et, comme les anciens apôtres, allez porter la sainte parole à ceux qui ont le culte de la patrie ; la jeunesse hongroise ne se compose pas de lièvres, mais de panthères.

La ménagerie, toujours ! Mais du moins, cette fois, on n'a molesté personne.


### *La veille du grand jour.*
### *La police chassée de la Chambre.*


Cette âpre journée, à laquelle avait succédé une soirée plus houleuse encore, faisait présager une séance mouvementée pour le lendemain.

Dès le matin, la rue Sandor, où se trouve le Parlement, regorgeait de monde. On faisait des ovations aux députés populaires. A l'intérieur, on s'étouffait dans les tribunes, où les dames étaient nombreuses.

Il est dix heures. Le comte Apponyi a la parole. Il fait son procès à la loi militaire et termine en affirmant que, sur l'ensemble comme sur les questions de détail, aucun compromis n'est possible.

M. de Tisza se lève pour répondre.

A ce moment, la tempête éclate. Le ministre n'a pas ouvert la bouche que le député Hoitsy lui crie :

— Démission !

M. de Tisza, qu'aucune attaque n'émeut, répond tranquillement :

— Il n'est pas d'usage qu'un ministre doive se retirer sur l'injonction d'un député.

De tous les côtés, on crie : Démission ! Démission ! Le pays le veut !

Mais M. de Tisza ne bronche pas. Il rappelle, avec ses cheveux blancs en couronne et ses lunettes noires, les quakers des anciennes illustrations de Bertall.

— Vos cris, dit-il, ne m'impressionnent pas plus que les lettres où l'on me menace de mort.

Le ministre commence son discours, mais on ne veut pas le laisser parler. Un plan d'obstruction a été préparé. Toute la gauche est dans l'hémicycle, criant, agitant les bras et, chaque fois que l'orateur prononce le nom de son adversaire, poussant les cris répétés de : Vive Apponyi !

A la faveur d'une accalmie, M. de Tisza déclare, d'un ton bon-enfant, qu'il forme, lui aussi, les vœux les plus sincères pour qu'Apponyi vive longtemps. Mais ces paroles n'ont pas la puissance de calmer les esprits. Soudain, une voix s'écrie :

— Il y a de la police dans les tribunes..

Tous les regards se dirigent vers les galeries, où

chacun a l'air de prendre pour soi ce qui vient d'être dit.

— S'il se trouve des agents de police. dans l'assemblée, qu'ils sortent, ordonne froidement le président.

Alors on voit trois messieurs, très dignes, se lever et s'éloigner majestueusement, au milieu des huées et des cris d'indignation. Le tumulte s'accroît du fait de cet incident, et c'est dans un véritable déchaînement de colères et d'acclamations que les membres de l'un et de l'autre partis font la conduite à leurs chefs.

*La loi en première lecture. — Le vote.*
*Colère de la foule.*
*M. de Tisza passe un bien mauvais quart d'heure.*

Ces événements se passaient le 28 janvier. La journée du 29 devait être bien autrement orageuse. On devait, ce jour-là, voter la loi militaire, en première lecture. Tout Budapest était accouru ; la plus grande animation régnait dans les groupes ; on sentait qu'une étincelle suffirait à mettre le feu aux poudres. A l'intérieur, l'effervescence n'était pas moins grande.

Au début de la séance, le député Ugron, de l'extrême-gauche, prend la parole ; il la garde une heure et demie, flagellant sans pitié gouvernement et ministres. Des applaudissements frénétiques accueillent chacune de ses phrases, marquées au coin d'une implacable ironie. Quand il termine par ces mots : « Cette loi, nous ne la laisserons pas faire », c'est une explosion dans toute la salle.

On procède au vote. Le président appelle les noms et les députés répondent par *Oui* ou *Non*. Le premier appelé soulève une tempête en répondant *Oui*. D'autres *Oui* viennent ensuite. Bientôt on peut constater qu'ils sont en majorité. Les surprises les plus inattendues se succèdent. Le député Bekcies, qu'on croyait en Égypte, fait résonner un *Oui* formidable ; il est revenu tout exprès pour voter la loi. Rakowsky, malgré le mandat impératif de ses électeurs, vote aussi pour l'affirmation, en invoquant le principe de la liberté du suffrage. Par contre, Horiath, Nicklos et plusieurs autres députés, rompant avec le parti gouvernemental, crient *Non*! A chaque appel, ce sont, dans les deux camps, des cris de colère ou des acclamations sans fin.

Quand le résultat du vote fut prononcé (267 *Oui* contre 141 *Non*), on a pu croire un moment que la maison allait sauter en l'air. Tous les poings étaient levés ; on criait : « A mort Tisza ! A mort les traîtres ! » Bientôt un immense écho, du dehors, vient renforcer ces cris sinistres. Avec la rapidité de l'éclair, la nouvelle s'est propagée dans la foule. Elle menace d'envahir le palais. La séance est aussitôt levée ; quelques députés de l'opposition, voyant le danger, s'élancent vers la porte de sortie... il était temps, car un flot humain accourait, vociférant des cris de rage.

Ugron, qui possède un grand ascendant sur les masses, obtient un peu de calme ; d'autres députés, mêlés aux groupes les plus ardents, rappellent la population à la dignité qui convient aux grands événements ; et le portier du Parlement, qui, dans son costume national, semble l'incarnation vivante de la Hongrie, maintient la foule en barrant la porte, très étroite, avec sa canne gigantesque.

Mais ce n'est qu'un répit : « Tisza ! nous voulons Tisza ! il se cache, le traitre, hurlent vingt mille voix. Un étudiant monte sur une borne : « Puisqu'il ne se montre pas, le lâche, allons le chercher. » — « Oui ! oui ! » — et l'on se précipite de nouveau vers le palais.

Heureusement, la troupe arrive. Deux bataillons d'infanterie prennent position dans la rue Sandor et repoussent les assaillants. Des hussards appa-

raissent, qui les dispersent; mais les groupes se re
forment sur leurs pas.

Pendant ce temps, on délibère dans la salle. L
chef de la police a prévenu M. de Tisza qu'il ne répond de rien ; il l'adjure de rester; mais cette situation ne peut se prolonger indéfiniment. Le président du conseil va et vient, très agité ; il veut sor
tir, se présenter à la foule ; au bout d'une heure
rien ne peut le retenir. Son fils l'accompagne, deu:
de ses amis se tiennent à ses côtés, et l'on ne fai
avancer sa voiture qu'au moment même ou il paraî
sur le seuil de la porte. Il n'est pas reconnu tou
d'abord, mais bientôt un cri s'élève : « Il s'en va !
C'est lui, le misérable ! il va nous échapper! »
Comme une trombe, la foule se précipite dans le
parc du Muséum, qui fait face à la Chambre, et le
traverse en courant, pour rattraper, par un biais
la voiture présidentielle. Mais celle-ci a de l'avance ;
bientôt elle est hors de vue.

Ce jour-là, M. de Tisza ne dut la vie qu'à la vélo-
cité de ses chevaux. Si, par un phénomène de mi-
rage, il a, blotti dans sa voiture, le front en sueur
et le bras levé, pour se protéger des coups, vu se
représenter le moment où, deux mois auparavant,
il insinuait perfidement à ses compatriotes de ne
point prendre part à l'Exposition de Paris, où ne
pouvait manquer d'éclater une émeute, il a dû faire

d'étranges réflexions sur les chassés-croisés de l'histoire.


## *L'émeute. — Un coup de théâtre.*


La journée s'était soldée par de nombreux blessés ; le soir, il y avait eu des charges de cavalerie ; aussi la nuit se passa-t-elle sur le qui-vive. La ville ressemblait à un camp. Sur les places, les troupes bivouaquaient ; de nombreuses patrouilles parcouraient les rues ; on s'attendait à un conflit sérieux pour le lendemain. La Chambre n'était pas convoquée, mais les divers groupes du Parlement devaient se réunir dans leurs locaux habituels. Déjà, la veille au soir, malgré les reverbères brisés et l'émeute dans la rue, les députés avaient tenu séance sur plusieurs points : Tisza avait paru au Club libéral, tandis qu'Ugron banquetait à la Redoute.

Le 30 au matin, Budapest s'éveilla donc avec la persuasion que la journée ne se passerait pas sans coups de fusil. Les magasins étaient fermés ; le calme qui précède les orages planait sourdement sur la ville ; ceux qui avaient eu le courage de sortir de chez eux s'interrogeaient anxieusement. La matinée se passa sans incidents. Les étudiants tenaient conseil avec quelques chefs de clubs populaires ; les motions les plus violentes se produisaient; on pouvait s'attendre à de graves complications. La révolte était dans l'air : cela sentait la poudre. Quel était le plan ? Marcher sur Ofen et enlever Tisza.

Soudain, vers trois heures, au moment où l'on va passer de la parole à l'action, la nouvelle de la mort de l'archiduc Rodolphe éclate comme une bombe dans la ville. On veut douter, mais bientôt les dépêches officielles sont affichées. Dans les groupes, la fureur est tombée subitement. Amis et adversaires se joignent, s'interrogent, poussent les mêmes exclamations. Un même deuil couvre la cité. Aux deux extrémités, du pont, d'immenses oriflammes noires s'élèvent. Le pavillon du Château est en berne. Une voiture apparaît sur le pont. C'est Tisza qui vient confirmer la triste nouvelle.

Cette fois, on l'écoute ; personne ne songe à lui jeter des pierres. En retournant à son ministère, le paria de la veille a pu enrichir son recueil de pensées de l'aphorisme connu :

« Les jours se suivent et ne se ressemblent guère. »

*La manifestation. — A la place Calvin.*
*La procession. — Les drapeaux.*
*Actrice et policier. — Le calme de la foule.*

L'accalmie ne fut pas de longue durée. Le di_
manche 17 février, cent mille hommes défilèrent
sur le Corso pour faire une démonstration en vue
du château d'Ofen, où s'était installée la cour, aussitôt après les funérailles de l'archiduc.

L'histoire enregistrera cette journée, curieuse
entre toutes. Les vieux Hongrois diront à leurs enfants : « J'y étais. » La légende fera son chemin. Il
y aura eu de la bravoure à crier : *Vive le roi!* sous
les fenêtres du roi, — oh ! de très loin, à travers le
Danube et la rude montée d'Ofen.

L'étranger qui serait arrivé le matin à Budapest,
ignorant des effervescences du moment, ne se serait
jamais douté qu'un spectacle de la rue se préparait.
Il aurait pu, son *guide* à la main, assister à des
messes en musique, visiter des musées et, pour le
demeurant, constater que la capitale hongroise ne
le cède en rien au commun des cités sous le rapport
de l'ennui dominical. Le soleil, cependant, s'était

mis de la partie. Tout le jour, il n'a cessé de luire. Le château d'Ofen, de pierres jaunes, se reflétait en or dans le Danube, chariant des glaçons, et n'étaient les drapeaux noirs flottant aux entrées du pont, on eût pu se croire dans un pays de douce rêverie.

Le rendez-vous était à la place Calvin, pour deux heures. Cet endroit, aux vastes proportions, est proche le palais du Parlement. A une heure, les groupes se forment ; bientôt, la place est noire de monde ; à deux heures, on se met en route.

En tête s'avance un peloton de gardes de police à cheval. Puis vient le groupe des députés, ayant à leur tête le comte de Karolyi dans un landau. La foule acclame les réprésentants du peuple, parmi lesquels on remarque les vétérans des anciennes luttes. Les porteurs de drapeaux viennent ensuite. Ils sont au nombre de dix. Sur les drapeaux, on lit : *Vive le roi ! A bas Tisza ! A bas l'article 25 ! Nous n'avons pas besoin de l'article 25, mais Tisza en a besoin !* Maintenant, la foule s'avance en colonnes serrées, répétant les cris indiqués, ou chantant, avec plus de bon vouloir que de réussite, des hymnes patriotiques ou des chansons de circonstance, entre autres *Notre langue maternelle*, qui célèbre la langue hongroise et conjure la nation de défendre son bien le plus cher, sa langue.

Les groupes sont conduits par des étudiants, portant des cartes au chapeau. La petite bourgeoisie forme le fond du cortège; on n'y voit qu'accidentelement des paysans en vestes de drap bleu garnies de petits boutons d'argent, ou couverts d'une vaste pèlerine en peau de mouton soutachée de fils de couleur. Quelques femmes portent la jupe courte, blanche ou rose, avec des bottes aux pieds, et, sur la tête, un fichu à ramages. Mais c'est l'exception. La foule est une foule endimanchée, qui profite d'un but de promenade pour prendre de l'exercice. Quant au peuple, il regarde passer cette manifestation hygiénique sans s'y intéresser. Par contre, à beaucoup de balcons, les dames agitent leurs mouchoirs, en criant : *A bas Tisza! A bas le traître! A bas le monstre!*

Le convoi s'avance lentement. On fait une première halte au club de l'opposition modérée. Là, le comte Apponyi est acclamé. Plus loin, de semblables ovations s'adressent au cercle des indépendants. Devant la réunion des amis du pouvoir, on pousse des grognements et le comte Karolyi adjure ses collègues, amis de Tisza, de descendre dans la rue pour se mêler à la procession; mais ceux-ci se récusent et regardent passer la foule, qui les couvre de huées.

Chemin faisant, on se livre, sur plusieurs points,

13

à des manifestations particulières. A un balcon, on aperçoit madame Blaha, la chanteuse populaire. On fait halte pour l'acclamer et plusieurs délégués montent chez elle pour l'inviter à se joindre au cortège. Or, madame Blaha n'est autre que la femme du baron Splenyi, chef de la police, lequel cavalcade en tête de la procession, avec ses agents. De sorte qu'on a failli jouir du spectacle homérique d'une excellente artiste, portée en triomphe par ceux-là mêmes auxquels son mari pouvait avoir à faire la chasse.

Il est vrai que la tenue très correcte de la foule devait écarter toute crainte de cette nature. Les députés s'étaient faits garants de l'ordre public, et celui-ci n'a pas été troublé. Quant à la police, elle n'a paru nulle part sur le parcours du cortège. Bien plus, elle s'est, par une gracieuseté discrète, efforcée de faire la route agréable aux manifestants. Les rues avaient été balayées avec soin et l'on avait retiré les chaînes qui barrent le Corso sur plusieurs points.

Cette promenade, où se passait la partie la plus intéressante de la manifestation, est l'orgueil, la gloire des habitants de Pesth. C'est un quai planté d'arbres et bordé de cafés. La procession y est parvenue par la place François-Joseph, qui fait face au pont suspendu. Elle a passé, sans s'y arrêter, derrière la statue de Deak, un ancien qui a eu aussi son chemin de Damas. En vue du château, les groupes s'arrêtaient; on agitait drapeaux, mouchoirs et chapeaux en criant : « A bas Tisza! Vive le roi! » Puis on reprenait la direction de la place Calvin.

Au retour sur ce point, le comte Karolyi a mis le feu à des exemplaires du *Nemzet* et du *Borszem Janke*. On s'est ensuite séparé. La nuit s'annonçait prochaine, et chacun avait hâte de faire raison à un appétit monstre, qu'avaient aiguisé les aiguilles glacées de la brume du soir, ainsi que les *Eljen Karoli* et les *Nel Kem Tisza* d'un enthousiasme et d'une haine surchauffés.

*La bête noire. — Calme relatif.*
*Un coup de revolver.*
*La bagarre. — A mort Tisza.*

Le lendemain, M. de Tisza paraissait très nerveux. Aussitôt installé sur son fauteuil de velours, le premier à gauche du fer à cheval qui remplace le banc des ministres dans l'hémicycle, il se mit en devoir de procéder à certains préparatifs, auxquels on reconnaît son intention de se mêler aux débats.

Il ôte, en ce cas, ses lunettes noires pour les remplacer par des conserves plus claires, et dispose sur son pupitre une main de papier et tout ce qu'il faut pour écrire ; puis, il se renverse en arrière, le crayon à la main, et prête une oreille attentive à tout ce qui se dit, sans jamais se départir de son flegme habituel, quelle que soit l'acuité des injures proférées contre lui.

Et Dieu sait quelles sont ces injures ! A tout ce qu'il fait, on trouve à redire. S'il est présent, on crie : « Allez-vous-en ; » s'il s'absente, on l'accuse de se dérober ; et quand il rentre, ce sont des *Hoch!* *Hoch* ironiques en allemand, mêlés d'imprécations : « Le voilà, le hibou, l'oiseau de malheur ! »

Cependant la sérénité de la rue semblait avoir rejailli sur le parlement. Les séances qui suivirent la démonstration populaire furent relativement calmes. On s'éternisait dans le système d'obstruction pour faire durer jusqu'aux vacances la discussion de la loi militaire, et sauf quelques échanges de horions, rien ne venait troubler la monotonie des débats, lorsque soudainement, à la sortie d'une séance plus mouvementée que les autres, une scène de violence se produisit, qui vint tout remettre en question.

L'étudiant Schamorzyl descendait des tribunes et cherchait à gagner la porte de sortie, lorsqu'un député de la droite, Ivanka, l'apostropha d'une façon railleuse :

— Eh bien, jeune homme, allez donc préparer une promenade aux flambeaux en l'honneur de votre Ugron.

— Certainement, mais Tisza aura la sienne avec des cierges.

A ces mots, Ivanka, pâle de colère, sauta à la gorge de son interlocuteur et le secoua furieusement. L'étudiant se défendit, en cherchant à se débarrasser de son adversaire. A ce moment arriva le député Rohonczy pour séparer les combattants. Reçut-il de Schamorzyl un coup destiné à Ivanka? On peut le supposer ; car, prenant la place de ce dernier, il tomba sur le jeune homme à bras raccourcis; puis, soudain, on le vit sortir un revolver de sa poche, se reculer et faire feu.

Schamorzyl poussa un cri; il était blessé à la jambe; mais cette blessure, loin de calmer la foule, ne fit que l'exciter. Dix, vingt poings et autant de cannes se levèrent sur la victime de cette agression, et Rohonczy, revenant sur ses pas, donna trois soufflets encore à l'homme qu'il venait de blesser et sur lequel s'acharnait une meute de forcenés parmi lesquels on remarquait les deux comtes Andrassy, le député Bécethy, Nicolas Boncza et d'autres représentants du parti gouvernemental. Heureuse-

ment, le président Péchy et quelques hommes résolus arrivèrent à temps pour arracher l'étudiant à
ses bourreaux. Sans cette intervention, il aurait été
tué sur place.

Mais telle était la fureur des assaillants, que,
lorsqu'on eût transporté Schamorzyl dans les bureaux de la questure, Bécethy l'y suivit et profita
d'un moment où l'on étanchait le sang qui coulait
à flots de sa bouche pour lui porter un coup de
casse-tête sur le crâne. Rohonczy vint aussi, et
pour que sa victime n'en ignorât, il lui mit le poing
sous la figure en lui criant :

— C'est moi, Rohonczy, vous m'entendez bien,
qui ai tiré sur vous ; je n'ai qu'un regret, celui de
ne pas vous avoir tué.

Pendant ce temps, l'émoi, du vestibule avait
gagné la rue. Dès le premier moment, Polonyi
s'était élancé sur le perron en criant : « On vient de
tuer un étudiant. » On se figure l'effet que produisirent ces paroles. — « Au meurtre ! A l'assassin »,
cria la foule. Et, d'une poussée, l'on fut au haut des
degrés. Mais cette *furia* même fut cause qu'on ne
put pénétrer de suite dans le bâtiment d'entrée.
Comme la première fois, un certain nombre de
députés, dont la popularité fait loi, parvinrent,
non à calmer les esprits, mais à éviter l'envahissement de la Chambre. On frémit à la pensée de ce

qui serait advenu, si les étudiants, au nombre de plus de trois cents, avaient fait irruption dans l'enceinte où venaient de se passer les scènes que l'on connaît.

Mais il fallait une victime expiatoire à la foule, et naturellement c'est sur Tisza que s'est tournée la fureur des assaillants. Quand le ministre apparut, au bras de son fils, des cris de « A mort Tisza! C'est lui qui est cause de tout ! Il ne nous échappera pas cette fois! » retentirent de toutes parts. Des agents de police se précipitèrent sur les marches pour entourer le Président du conseil et le firent monter dans sa voiture; mais la foule, rompant le cercle des agents, parvint à saisir les portières, qui furent arrachées. Le cocher, à ce moment, fouetta ses chevaux qui partirent au galop, entraînant, au milieu d'une grêle de pierres, Tisza plus mort que vif dans sa caisse ouverte à tous vents.


*Manifestations anti-allemandes.*


On connaît les destinées de la loi militaire. Elle a fini par être votée, y compris le fameux article 25, et telle était la lassitude amenée par ses longs débats que cet événement s'est produit sans émeute. C'est bien à tort que le député Hevcjy, de l'extrême-gauche, avait prédit que le palais des séances s'écroulerait pour ensevelir sous ses décombres les représentants du peuple assez osés pour voter la loi; le bâtiment de la rue Sandor est encore debout et ses habitués ont dû passer sous les fourches caudines du pouvoir.

Par contre, la vieille haine magyare contre les Allemands s'en est accrue. Partout on s'insurge contre la langue teutonne. Des associations se sont créées pour la bannir de tous endroits. Dans les restaurants et dans les magasins, on peut voir des écriteaux portant cette indication :

*On ne parle pas allemand ici.*

Au foyer du Théâtre-National, les artistes sont allés plus loin encore : ils ont collé sur la glace cet avis :

*L'usage de la langue allemande est interdit dans cette enceinte sous peine de 25 florins d'amende* PAR MOT.

*Tisza compte pour deux mots.*

Le gouvernement même est souvent combattu par ses propres serviteurs; c'est ainsi qu'à Holozsner, capitale de la Transylvanie, l'inspecteur de l'enseignement primaire a fait le reproche au Conseil municipal d'autoriser l'enseignement de la langue allemande dans les écoles. Dans le village de Vœroswar, la fille d'un fonctionnaire autrichien, primée par le tribunal de vertu, n'a pu recevoir la couronne de rosière parce qu'elle ne savait que l'allemand. Enfin, partout les jeunes gens s'engagent sur l'honneur à ne passer leur examen d'officier qu'en langue hongroise.

L'Allemand, voilà l'ennemi, les Hongrois l'ont eux-mêmes déclaré.

Lorsque les cinq cents excursionnistes, partis des bords du Danube, sont allés présenter leurs hommages pieux à Kossuth qui vit à Turin, ils ont, au retour, visité l'Exposition de Paris, puis ils ont repris le chemin du logis, mais en évitant l'Allemagne...

La circulaire portait : LE TERRITOIRE ENNEMI.

# CHAPITRE XIV

## EN BAVIÈRE

*Patriotisme et saucisson. — Une population
autonomiste.*

Ayant appris que le gouvernement bavarois venait
d'adopter le casque prussien pour ses troupes, un
charcutier de Landau, grand ami de la mesure nouvelle, fit imprimer dans un journal de la ville que
le premier soldat bavarois qui se présenterait chez
lui coiffé du casque à pointe pourrait emporter la
plus volumineuse saucisse de son établissement.

Dès le lendemain, un soldat bleu — c'est la tenue
des Bavarois — faisait triomphalement son entrée
dans sa boutique, le chef orné de la coiffure chère
à M. de Bismarck.

Le patron l'embrassa tendrement et lui remit la récompense promise, un saucisson monstre, ne se doutant guère qu'il avait affaire à un malin qui avait, pour la circonstance, emprunté son casque à un Prussien de Wissembourg.

Ce jour-là, la Prusse et la Bavière mordirent au même saucisson; mais il n'en est pas ainsi généralement : il suffit d'aller à Munich pour s'en convaincre.

Au milieu de l'Allemagne piétiste, anti-sémite et morose, Munich, la vieille ville aux toits bariolés, aux beffrois flanqués de clochetons, aux maisons peintes à fresques, est restée fidèle aux traditions de l'ancien temps.

Mêlée par la politique et par les circonstances dans le grand tout dont la tête est à Berlin, Munich s'intéresse, par devoir, au développement des institutions impériales; elle épouse les querelles des partis, fournit au Parlement allemand des progressistes, des nationaux-libéraux et surtout des catholiques, se pique d'être un centre socialiste dont la parole est écoutée dans la grande masse des mécontents; mais, en dépit de ces apparences, un grand souffle d'autonomie plane sur la ville. Vienne un anniversaire local, une fête traditionnelle, un jour de liesse coutumière, tout s'envole pour faire place à un unique souci : celui de célébrer entre soi, gaie-

ment et le hanap en main, l'antique patrie, la vieille
Bavaria.


*Le sang des Wittelsbach. — A propos d'aiguilles.*
*Manifestations anti-prussiennes.*
*La fête du prince-régent.*
*Le prix de l'armée allemande. — Un mariage néfaste.*


Une grosse question passionnait récemment les
esprits bavarois.

Il y a quelque quarante ans, un haut baron allemand ayant demandé très sérieusement au chimiste
Klaproth s'il existait une différence entre le sang
d'un noble et celui d'un roturier, ce dernier en fit
l'expérience et démontra victorieusement qu'il n'en
existait aucune.

— Si Klaproth vivait encore, il est certain que le
chef de la maison de Bavière s'adresserait à lui pour
le prier de soumettre à ses cornues le sang de l'un
ou de l'autre de ses parents. Il n'est pas de jour que
d'Autriche ou d'Allemagne n'arrive quelque grosse
injure à l'adresse du sang des Wittelsbach. C'est le
sang des Wittelsbach qui est cause de toutes les

nervosités, de toutes les catastrophes qui se sont précipitées depuis quelque temps en Europe.

Le roi Louis II et son frère Otto ont porté malheur à tout le monde. Dans la ligne directe, le prince Ruprecht, petit-fils du régent et futur héritier de la couronne, est atteint d'une maladie nerveuse incurable. Si l'impératrice Élisabeth montre des goûts fantasques qui ont souvent défrayé la malignité publique, c'est au sang des Wittelsbach qu'elle le doit. Enfin, c'est ce sang pestiféré, ce sang maudit, qui a mis l'Autriche en deuil, en la privant de son prince héréditaire.

Comme on peut le penser, la Bavière se défend énergiquement contre ces accusations. Suivant elle, le sang des Wittelsbach est pur de tous les méfaits qu'on lui impute. Le prince Ruprecht est, au su de tout le monde, un jeune et solide gars, inscrit pour le prochain semestre, à l'Université d'Heidelberg, et qui ne sait pas ce que c'est que d'avoir ses nerfs. La branche ducale, à laquelle appartient l'impératrice d'Autriche, est trop éloignée du tronçon principal de la maison de Bavière, pour recevoir le contre-coup de ses influences héréditaires, en admettant qu'elles existent. Enfin, s'il faut absolument chercher l'origine du drame de Mayerling dans l'une des alliances qui ont amené la naissance de l'archiduc Rodolphe, ce serait bien plutôt au sang des

Hohenzollern qu'à celui des Wittelsbach qu'il faudrait l'attribuer, car la mère de l'impératrice Élisabeth était une Prussienne.

Pour le coup, les journaux de Berlin de se fâcher. Soupçonner le sang des Hohenzollern ! Mais c'est un crime de lèse-majesté qui devrait amener toute la presse bavaroise sur les bancs légendaires du tribunal de Leipzig ;... les Bavarois ripostent,... les Berlinois redoublent... c'est une question qui n'est pas près de finir que celle du sang des Wittelsbach.

Mais à Munich, on a besoin de ces incidents pour s'entretenir en alerte. La capitale de la Bavière, sereine dans sa couronne artistique et littéraire, se complaît dans sa propre économie. Si, du dehors, ne surgissait pas de temps à autre une attaque propre à lui émoustiller le sang, elle finirait par s'assoupir dans ses querelles de clocher. Dernièrement, ne s'est-on point passionné pour une question d'aiguilles ! Il s'agissait de celles qui marquent l'heure au cadran lumineux du vieil Hôtel-de-Ville. La population était partagée en deux camps. L'un voulait conserver les vieilles aiguilles, finement ouvragées, mais qui avaient le tort de ne pas se détacher suffisamment sur le nouveau disque ; l'autre demandait de nouveaux indicateurs, plus au goût du jour, c'est-à-dire visibles pour tout le monde, même pour les myopes. On a répandu beaucoup d'encre sur

cette question; on s'est, à son sujet, beaucoup cha-
maillé dans le Magistrat et, finalement, le parti du
progrès l'a emporté. A la majorité d'une voix, le
Conseil a voté l'achat de nouvelles aiguilles, qui
ont coûté cent marks.

Cet exemple peut faire sourire; mais sous son apparence de candeur provinciale, il renferme l'es-
sence même du besoin d'autonomie qui fait le fond
des pensées bavaroises. Dans toutes les occasions,
ce besoin perce et même s'impose,

Alors que la Prusse et les États qui lui sont inféo-
dés célébraient, par des manifestations solennelles,
l'anniversaire de la mort de Guillaume I$^{er}$, la Bavière
laissait passer ce bout de l'an sans y prêter aucune
attention. Par contre, la presse de Munich était
remplie d'éloges funèbres à l'adresse de Maximilien II, mort en 1864, à la même date. Les églises
célébraient en son honneur des services solennels,
et son portrait figurait, entouré de myosotis et
d'edelweiss, aux vitrines des marchands d'images
où, à l'encontre de ce qui se passe à Berlin, les pho-
tographies de l'Empereur et des membres de sa
familles sont rares.

Un autre anniversaire présentait, dès le lendemain, des symptômes non moins caractéristiques.
C'était la fête du prince-régent. La veille, les musiques militaires avaient organisé une retraite aux

flambeaux, avec concert devant la Résidence. Cette audition se composait d'une ouverture de Flotow, d'une marche du temps de la guerre de Trente ans et de l'hymne national bavarois que la foule, heureuse d'avoir échappé à l'officiel *Heil dir im Sieges-kranz*, a longuement acclamé. Même enthousiasme pour le départ des musiciens, aux sons de l'ancienne retraite bavaroise, jadis quotidienne, à laquelle la prussification graduelle de l'armée, a substitué la batterie maigre d'un tambour isolé, suivie des appels plaintifs d'un cornet de postillon.

Le jour de la fête du prince Luitpold, deux cents convives environ se sont réunis à l'Hôtel de Bavière en un banquet de circonstance. On y a, paraît-il, beaucoup bu, car les toasts s'y sont succédé rapidement. Mais aucun n'a pris le chemin du Nord.

Ces détails sont bons à relever, parce qu'il faut qu'on sache, autre part qu'en Allemagne, que toute l'Allemagne n'est pas aux genoux de Berlin. Bien plus, il existe à Munich une presse qui fait ouvertement la guerre à la Prusse.

Le *Vaterland*, journal catholique, a notamment cette spécialité. A propos d'un article de la *Freisinnige Zeitung*, organe officiel du parti progressiste, où il était prouvé, par les chiffres du budget de la guerre, depuis 1872, que l'entretien de l'armée allemande se répartit, à partir de cette époque, sur la population de l'empire, à raison de 201 marks par habitant, le *Vaterland* s'écriait, dans son indignation :

« Ainsi, les frais de notre ADMIRABLE ARMÉE se montent à 9,456 MILLIONS DE MARKS, soit deux fois et demie autant que l'indemnité de guerre payée par la France ! C'est là une somme inouïe, fantastique, qu'il nous a fallu tirer de nos poches pour le plus grand honneur de la PRUSSE, qu'on appelle quelquefois encore, par dérision sans doute, l'empire d'Allemagne !!! »

Le lendemain, nouvelle diatribe :

« On invente, on invente toujours ! A Kœnigsberg, en Prusse, vivent deux malheureux, auxquels un démon malfaisant vient d'insuffler la pensée d'inventer un nouveau fusil. Cette arme n'exigerait d'autre maniement qu'une pression continue sur la gâchette, ce qui permettrait de tirer deux coups à la seconde, résultat cinq fois supérieur à celui du meilleur fusil à répétition. Les inventeurs de ce système en ont soumis la description au gouvernement prussien. S'il est adopté, gare à toi, Jacques Bonhomme ! »

Mais ce n'étaient là que des pois fulminants à côté de la bombe que le *Vaterland* fit partir, à l'occasion de la mort de la reine-mère, veuve de Maximilien II, née princesse de Hohenzollern :

« Ce mariage prussien n'a pas porté bonheur à la Bavière, disait la feuille anti-prussienne. Avec lui vinrent les lumières du Nord, qui furent l'origine de l'abaissement actuel de notre patrie; c'était le mal prussien chez nous, le mal qui nous ronge et qui, finalement, nous engloutira, s'il n'arrive pas un événement extraordinaire, qu'à la vérité personne ne prévoit encore. »

Pour le coup, la Prusse se fâcha tout rouge. Elle demanda pour le *Vaterland* une punition exemplaire, et l'obtint.

M. Siegel, directeur du journal, a été condamné à six semaines de prison.

*La question religieuse en Bavière.*
*Mémorandum des évêques.*
*Le rescrit du ministre des cultes.— M. de Lutz.*

Les querelles d'Église, renouvelées du *Lutrin* de Boileau, servent également à distraire les Bavarois.

La question religieuse est pendante en Bavière depuis nombre d'années. L'administration libérale de Maximilien II, succédant au règne autocratique et fantastique de Louis I<sup>er</sup>, a produit de notables changements dans le *modus vivendi* consenti par le concordat de 1817. De 1848 à 1864, les ultramontains ont successivement perdu les plus beaux épis de leur gerbe ; puis, Louis II, malgré son détachement des choses de la terre, continua l'œuvre de son prédécesseur, de sorte que le concordat devint de plus en plus un traité sans valeur, dont chaque jour emportait un feuillet.

Après la catastrophe du lac de Starnberg, les cléricaux mirent tout leur espoir dans le régent, dont les sentiments religieux sont connus. Mais le prince Luitpold montra, dès les premiers mots, une si grande fermeté, qu'on dut renoncer à toute tentative ultérieure. Le pape lui écrivit même à cette époque que la situation lui paraissait « complètement satisfaisante en Bavière. » Aujourd'hui, il n'en est plus de même. Les évêques ont relevé la tête ; mais il leur a fallu compter une seconde fois avec l'obstination du prince.

Ce qu'ils demandent, c'est le droit de surveillance sur les universités et sur les écoles normales, supérieures et primaires, la suppression des écoles mixtes, la messe quotidienne dans tous les établissements d'instruction, quels qu'ils soient, la mise à l'écart du placet royal qui accompagne les mandements épiscopaux, la rentrée des rédemptoristes et des jésuites, enfin, l'exemption du service militaire pour les candidats aux fonctions ecclésiastiques.

Tel est le fond du Mémorandum établi récemment par les évêques bavarois. Cette pièce a fait grand bruit, pas autant cependant que le rescrit du ministre des cultes, qui la désapprouve, avec l'appui public et motivé du régent.

Les journaux catholiques furent outrés de ce résultat. N'osant s'attaquer au prince Luitpold, ils firent retomber toute leur colère sur le ministre, M. de Lutz, qu'ils déchiquetèrent avec un acharnement propre à ne lui point laisser un lambeau de chair sur les os. Mais il suffit de voir M. de Lutz, avec sa tête ronde, sa moustache épaisse et son teint enluminé, pour se convaincre que ses adversaires ont affaire à un athlète de profession qui ne lâche son homme qu'après lui avoir fait toucher les deux épaules à terre.

Plus hardis, les journaux romains s'en sont pris directement au prince-régent. Ils lui prédisent une fin misérable, et le rendent responsable des calamités qui ne peuvent manquer de fondre sur la Bavière. Le *Moniteur de Rome* le voue, notamment, à la vengeance céleste. Mais le prince Luitpold, tout bon catholique qu'il est, ne fait que rire de ces menaces.

*La semaine de la bière.*
*La Brasserie royale.— Le général Boulanger à Munich.*
*Servi par soi-même.*
*Le Salvator. — Autrefois et aujourd'hui.*

A un certain moment de l'année, ne parlez aux Munichois ni de politique, ni de science, ni de colonies, ni de tableaux, ni de musique, ni de rien qui ressemble à quelque chose : on est en vieille lune de mars, et la bière seule préoccupe les esprits.

Les Allemands, a dit le père Didon, doivent peut-être quelques vertus à leur boisson nationale. A ce titre, on peut bien leur laisser célébrer en paix leur printemps houblonnier. A Munich, c'est plus qu'une fête, c'est plus qu'une solennité, c'est une période de mystérieuse dévotion. Une augmentation du prix de la bière, d'un pfennig par litre, a souvent été le signal d'une émeute dans la rue. L'orge, venant à manquer, a plus d'une fois effrayé les populations, à l'égal d'une famine. Et quand le brassin d'une enseigne renommée tournait à plusieurs reprises, l'année qui voyait se produire ce triste phénomène était inscrite parmi les plus néfastes du siècle.

Qui n'a pas visité la brasserie royale de Munich ne peut se faire une idée du culte que le Bavarois professe pour le spumeux liquide auquel Jean-sans-Peur, duc de Brabant, dit Jean Primus, d'où l'on a fait Gambrinus, a donné ses parchemins. Ce n'est pas un palais, ce n'est pas un temple, c'est un sanctuaire. On entre là comme à la mosquée de La Mecque, en baissant la voix et en se prosternant vers l'Orient, où se délivre la sainte manne. Encore faut-il connaître les pratiques du dogme pour participer à ses bienfaits.

On se met d'abord personnellement en quête d'un vaste broc en grès, dont la contenance est d'un litre, dûment poinçonné. Cette recherche est souvent pénible, car les brocs vides n'abondent pas au *Hofbrau*. La plupart de ceux qui semblent abandonnés ont un maître, momentanément absent; ils portent au bouton de leur couvercle un morceau de journal, un capuchon tricoté ou même une rondelle brodée par la main des grâces, car le sentimentalisme accompagne l'Allemand jusqu'à la brasserie. Pour le moment, la grande mode est au général Boulanger; on voit son image, en laine ou en peluche, sur presque tous les couvercles.

Est-on enfin en possession d'un pot à bière, force est de le rincer soi-même à une fontaine qui se trouve à l'entrée de la taverne. On le dépose ensuite sur un comptoir, avec 22 pfennigs, prix de la cote officielle, dont les autres brasseurs ne peuvent s'écarter que de deux pfennigs au maximum.

Là, un vigoureux gaillard s'empare de votre précieux vase. Ce personnage a la spécialité de tenir de la main gauche huit ou dix brocs et de les passer prestement sous le robinet qu'il manie de la main droite.

Enfin, on est servi, mais les difficultés ne sont pas encore aplanies pour cela. Rares sont les places autour des tables qui garnissent le caveau. De plus, une odeur âcre vous accueille dès l'entrée du saint lieu ; aussi rebroussez-vous chemin, si vous n'avez pas le cœur solide, pour chercher un coin dans la cour, où vous puissiez déguster en paix le divin nectar. Toutes les classes de la population sont représentées là. Les uns stationnent autour de tonneaux faisant office de tables ; les autres, et c'est le plus grand nombre, placent leurs brocs tout simplement à terre, sur le pavé boueux et gluant. Une buée fade et sucrée s'échappe des orifices du bâtiment où se trouvent les chaudières. C'est l'accompagnement favori de la dégustation gambrinale.

Un savant docteur de la Faculté de Paris donnait, il y a deux siècles, la définition suivante de la bière de Bavière :

« Cette boisson n'est au plus qu'une pâte liquide

qui nourrit le ventre et l'estomac et ne touche point à cette partie supérieure du goust où l'esprit vient prendre sa part des alimens. Elle n'a point les divins arômes qui échauffent l'imagination et ravissent la mélancolie et le chagrin mesme. On y perd bien la raison, mais sans joye, et l'âme s'y noye en languissant... »

Mais qu'allons-nous fouiller dans un passé chagrin, alors que tout se résume dans ce cri du cœur : Le Salvator est bon cette année.

Le Salvator, c'est la double bière que fabrique la brasserie Zacherl depuis plus de trois siècles, et qui ne se boit que dans la seconde moitié de mars, à partir du dimanche après la Saint-Joseph.

Jadis, la réception du Salvator donnait lieu à une cérémonie particulière. Au jour fixé, les douze échevins de la ville de Munich se réunissaient dans la cave de l'Hôtel-de-Ville, où l'on soumettait la nouvelle bière à leur jugement. Ils portaient, pour la circonstance, le costume des chevauchées, avec la culotte de peau. Sur l'ordre du bourgmestre, on répandait la bière sur un banc en bois, où prenaient place les intègres magistrats.

Une heure durant, les échevins demeuraient assis, le sablier en main, devisant des questions du jour, et sans doute goûtant la bière autrement que par simple juxtaposition. Puis quand le dernier grain

de sable avait marqué l'instant décisif, ils se le-
vaient tous ensemble, comme mus par un ressort.
Si le banc suivait les fonds de culotte dans leur
mouvement ascensionnel, la bière était déclarée de
bonne qualité. Au cas contraire, elle passait pour
trop légère, et le brasseur était mis à l'amende.

L'épreuve du Salvator existe encore, mais sous
une forme plus moderne. Sur l'invitation des propriétaires de la brasserie de Zacherl, toutes les no-
tabilités munichoises, appartenant aux mondes de
la politique, des arts et des lettres, se réunissent
dans un vaste caveau décoré de fleurs et de devises.
Au son d'une musique spéciale, dont chaque numéro rappelle une des gloires du Salvator, cette
Walhalla se remplit d'aimables Walkyries, por-
teuses de brocs en grès, d'où s'échappe une mousse
crémeuse.

Le moment est solennel. A un signal, chaque
assistant porte le broc à ses lèvres... Un cri, une
exclamation.: « Il est bon ! »

Alors commence une soirée de dégustation continue, durant laquelle se succèdent les toasts, les
chants en chœur et les intermèdes comiques.

Le lendemain, la bonne nouvelle se répand dans
la ville. C'est une joie générale; car, à partir de
ce jour, tout Munich s'entassera dans l'immense
Hall de la brasserie de Zacherl, et cela jusqu'à ce

qu'il ne reste plus une seule goutte de Salvator.

C'est généralement l'affaire d'une semaine au plus.

Pour terminer, disons qu'on n'a jamais bu de Salvator à Paris, malgré l'écriteau légendaire : *Le Salvator est arrivé*.

Pour les autres bières munichoises, les brasseurs ne font aucun mystère des ingrédients qu'ils sont forcés d'y introduire, en vue des fatigues du voyage. Aussi la bière de Munich qu'on boit à Paris est-elle à la bière de Munich qu'on boit à Munich ce que la pâte à pain d'épice est au divin miel de l'Hymette.

# CHAPITRE XV

## LA RÉGENCE DU LUXEMBOURG

*Empereur et Roi. — Le duc Adolphe.*
*Premières appréhensions.*
*Une proclamation de 1866.*

Un ancêtre du duc de Nassau qui s'appelait
Adolphe, comme lui, et qui fut empereur d'Allemagne, s'imagina d'envoyer, au roi de France Phi-
lippe IV, une lettre injurieuse et pleine de menaces. Mais le roi ne prit point garde à cette épître ;
il se contenta de la renvoyer à son auteur avec ces
deux mots tracés en gros caractères : *Trop alle-*
*mand !*

Lorsque le duc Adolphe fut nommé régent du

14.

Luxembourg, son origine et quelques particula-
rités connues du public pouvaient faire craindre
que cette épithète pût lui être attribuée. Sa tenue
correcte, pendant son court passage au pouvoir,
paraît avoir éloigné cette supposition.

Dans toutes les circonstances de sa gestion, il
s'est montré soucieux de jouer le rôle de chef indépendant d'un État libre. Il n'en fallait pas plus,
avec le caractère facilement accessible aux surprises du cœur, qui est le propre des Luxembourgeois, pour lui assurer le concours et l'affection de
son nouveau peuple.

Ce qui avait tout d'abord éloigné l'opinion publique de sa personne, c'était la réputation de sou-
plesse qu'on avait faite au prince. On l'avait montré
facile en matière de composition, se faisant humble
et repentant pour obtenir quelque adoucissement à
son sort et ne laissant échapper aucune occasion de
chercher à rentrer en grâce auprès de ceux qui
l'avaient dépouillé. En dernier lieu, l'entrevue de
Mainau n'avait pas été sans confirmer ces bruits qui
se répandaient dans le grand-duché et s'ancraient
dans la population. Mais la légitimité désignant le
duc Adolphe pour la succession au trône, on a, par
respect et par amour pour la maison d'Orange, qui
a donné au pays cinquante années de calme et de
prospérité, pris la peine d'aller aux sources de ces

informations, et l'on n'a pas tardé, après examen, à revenir sur le compte de l'héritier de Guillaume III désigné par le pacte de famille. Sa conduite, avant et après la guerre de 1866, a été passée au crible de l'observation, et elle a paru d'une correction parfaite. Son ordre du jour, pour prendre congé de son armée, le 8 septembre 1866, à Gauzbourg, sur le Danube, est une protestation à la fois digne et virile :

« Soldats, y est-il dit, vous allez quitter ce pays pour retourner dans vos foyers. Par suite de la guerre malheureuse que nous avons menée, le vainqueur m'a arraché mon pays, notre chère patrie. J'apparais aujourd'hui pour la dernière fois parmi vous. Cette séparation marque le plus cruel moment de ma vie. Mais ce qui me donne quelque force, c'est qu'il n'y a jamais eu de honte à être vaincu par un plus fort que soi. Où il y a honte, c'est quand on s'incline devant le plus fort, en faisant abstraction de son bon droit. Vous m'avez assisté dans la plus juste des causes, et je vous en remercie de tout mon cœur. Vous allez trouver le Nassau occupé par les Prussiens ; ne commencez pas de querelles avec eux ; prenez le destin comme il est ; acceptez-le comme il convient à des hommes de cœur, et montrez au monde que si l'armée du Nassau n'est pas grande, elle cherche sa gloire à faire preuve, dans les bons comme dans les mauvais jours, de vertus civiques et militaires qui assurent sa discipline et son abnégation. En priant Dieu qu'il vous prenne, vous et notre chère patrie, sous sa garde, je vous dis adieu. »

Les officiers qui entouraient le prince pendant cette courte harangue ne pouvaient retenir leurs larmes. Le duc Adolphe en termina la dernière phrase dans un sanglot. Puis il donna de l'éperon et partit au galop sans détourner les yeux.

L'homme qui a prononcé les paroles qu'on vient de lire ne peut, par un revirement subit, perdre le souvenir du moment psychologique auquel elles s'appliquent.

L'indépendance du Luxembourg.<br>
La prestation du serment.<br>
La retraite aux flambeaux. — Le ver de feu.<br>
Une chanson bien nette.<br>
Preuves à l'appui.

Les Luxembourgeois veulent rester ce qu'ils sont, et ils ont raison. C'est un peuple heureux, qui ne demande qu'à jouir en paix de son bonheur. Ses impôts sont insignifiants ; pas d'armée, si ce n'est un bataillon de chasseurs, où se recrutent les gendarmes, les forestiers et les gardes-chasse ; pas de gros budget, la liste civile se chiffrant par une rente de 200,000 francs ; des administrations qui tiennent dans un bureau ; pour la police, un sergent de ville ; enfin une dette publique infime, contractée pour la construction des chemins de fer, dont le produit dépasse de beaucoup la rente à payer. Quel pays pourrait montrer de tels avantages ?

Pour la composition des habitants, on parle bien d'un parti allemand et d'un parti français, le premier très peu nombreux, le second presque général, mais ce ne sont là que des mots. Ils veulent dire que parmi les Luxembourgeois, les uns ont pour tel de leurs voisins une plus ou moins grande sympathie mais encore une fois, ce qu'est avant tout le Luxem; bourgeois, c'est Luxembourgeois. Une chanson qu'on n'a pas manqué de chanter sous les fenêtres du château, lors de l'arrivée du prince, le déclare nettement : « *Venez ici de France, de Belgique, de Prusse. Demandez à tous les gens. Ils vous répondront : Nous voulons rester ce que nous sommes !* » C'est la strette de ce refrain que le duc-régent a employée pour la fin de son discours du trône ; aussi a-t-il été, à ce moment, l'objet d'une cordiale ovation.

C'était, d'ailleurs, dans sa simplicité, une séance

émouvante que celle où le duc Adolphe a juré de maintenir les libertés du pays. La Chambre luxembourgeoise se tient dans un bâtiment adjacent au château. La salle est carrée, avec, au fond, un trône marqué d'un W. La tribune est au-dessus de l'entrée; le jour de la cérémonie, les dames y étaient en majorité. A gauche, avaient pris place le président et le bureau ; les députés, au nombre de quarante-deux, occupaient le milieu de la salle ; autour du prince se détachaient les brillants uniformes de sa suite. Le spectacle était vraiment très imposant.

Après la prestation du serment, le duc a paru au balcon pour saluer la foule. On sait que son casque qui ressemble à celui des Prussiens, avait tout d'abord indisposé le public. Mais le malentendu s'est expliqué. Quand on a su que c'était l'ancienne coiffure de la petite armée du Nassau, l'émotion s'est calmée. Pour l'avenir, le futur souverain fera néanmoins bien d'y renoncer. Le schako des chasseurs luxembourgeois n'est pas bien beau, il ressemble au képi de notre ancienne mobile, mais il causera certainement plus de joie sur la tête du grand-duc Adolphe que tous les panaches d'antan.

C'est à la retraite aux flambeaux que la sympathie populaire s'est accusée le plus nettement en faveur de l'héritier de Guillaume III. Dix-sept sociétés y ont pris part, sans compter les indépendants, qui formaient une troupe importante. Les musiques jouaient, et la foule chantait, outre la chanson citée plus haut, d'autres airs nationaux, notamment la *Patrie* et le *Ver de feu*.

Le *Ver de feu*, c'est la locomotive, qui met le Luxembourg en communication avec les contrées voisines. La chanson célèbre la locomotive, mais à la condition qu'elle ne serve pas à amener l'étranger dans le pays.

Un corps de musique a entonné, devant le château, un air plus caractéristique encore. Il s'agit de la chanson populaire : *Wer wolle keene Preisse sindt*. (Nous ne voulons pas être Prussiens). La foule faisait chorus avec les instruments et, comme le duc redemandait cette mélodie, les manifestants ont, dans leur enthousiasme, jeté leur torche en l'air. En retombant, elles ont excité de joyeux incidents dans le public. C'est à ce moment que le correspondant de la *Gazette de Cologne* a reçu une correction qu[i] n'était que le développement du refrain qu'on chantait.

*La Prusse et le Luxembourg.*
*Sympathies pour le Roi-Grand-Duc.*
*Le futur souverain.*

Quelques notes rétrospectives trouvent ici leur place.

Depuis cinquante ans, c'est-à-dire depuis l'époque où son indépendance fut proclamée, le Luxembourg a traversé plusieurs crises. Celle de 1866 fut particulièrement menaçante. C'était après Sadowa ; les Prussiens tenaient garnison à Luxembourg, et la presse allemande réclamait, comme toujours, l'incorporation du Grand-Duché dans la Confédération germanique. A Luxembourg, les esprits étaient surexcités, car alors, pas plus qu'aujourd'hui, ses habitants ne voulaient être Prussiens. Heureusement le prince Henri, fils du roi de Hollande, et son lieutenant pour le Grand-Duché, accourut pour rassurer la population : « Oui, je sais qu'on est inquiet dans le Luxembourg, dit-il, et si je suis venu, c'est pour vous affirmer que le pays restera ce qu'il est. »

En 1870, nouvel émoi. Le canon de Forbach, de

Gravelotte et de Sedan avait répercuté ses échos dans les vallées luxembourgeoises, et la guerre, dans toute son horreur, avait passé sous les yeux des colonnes ambulancières fournies par le petit État. Un train d'approvisionnement, dirigé de la gare de Luxembourg sur Thionville, fut considéré comme une violation de neutralité. Aussitôt l'Allemagne de réclamer de nouveau l'annexion du Grand-Duché. Mais, cette fois encore, le prince accourut en toute hâte, et, comme la première fois, il rassura les esprits.

C'est que ce brave petit peuple a, comme tous les faibles dont on convoite le bien, besoin d'être rassuré sans cesse. Il est un peu comme les gens heureux, qui pensent : « Cela ne peut pas durer. » Et voilà pourquoi il aime ceux qui lui donnent la bonne parole.

Dans ces conditions, le prince Henri est resté le type de son idéal. Il apparaissait chaque année, se mêlait aux gens du pays, prenait souci de leurs moindres réclamations, et ne les quittait que lorsqu'il avait royalement dépensé les deux cent mille francs accordés à son frère comme liste civile.

Après sa mort, le roi Guillaume III s'occupa, plus régulièrement qu'il ne l'avait fait jusque-là, des affaires du Grand-Duché. Il venait aussi visiter son peuple ; mais plus rarement que son fils. On le recevait toujours avec déférence ; on lui faisait fête, et son séjour donnait le signal de manifestations patriotiques, car l'on sentait qu'avec cet homme, bon et ferme, on pouvait être tranquille ; mais ce n'était pas tout à fait la même chose qu'avec le prince Henri, dont la simplicité séduisait chacun.

Lorsque la nouvelle de la maladie de Guillaume III s'est répandue, les alarmes se sont renouvelées. Elles sont devenues plus vives lorsqu'il a été question d'un régent. Quel serait ce régent? Comment se présenterait-il ? Que promettrait-il ?... et surtout que tiendrait-il ?... Pendant son court exercice, le duc Adolphe a répondu victorieusement aux trois premières questions, et pour la quatrième il a laissé voir qu'on pouvait également compter sur lui.

Aussi le peuple ne lui a t-il pas ménagé ses sympathies. Loin du Luxembourg, à Kœnigstein ou à Vienne, où il réside une bonne partie de l'année, l'ancien duc de Nassau conserve certainement bon souvenir des Luxembourgeois. Il les connaît maintenant, et il sait qu'il sera bien accueilli quand il reviendra, — s'il revient...

*La résurrection du roi de Hollande.*
*Projet de changement à la constitution.*
*Persévérance des Allemands.*
*Un fragment de conversation familière.*


...« s'il revient »,... car la question peut, à l'heure présente, paraître problématique. On ne s'est guère occupé, dans la presse française, des incidents qui ont suivi la résurrection inattendue du roi de Hollande. Ils ont pourtant leur intérêt. Plus tard, la légende de Guillaume III détrônera celle du roi de Thulé, et un nouveau Shakespeare recommencera, pour son compte, l'histoire de ce roi d'Angleterre, sortant d'une longue léthargie, auquel son fils est obligé de rendre son sceptre, arraché de ses mains crispées par une mort apparente.

Des scènes pénibles ont marqué le retour à la vie du roi de Hollande. Lorsqu'il sortit de sa prostration, sa première pensée fut pour les affaires du pays. En même temps que ses forces, sa lucidité lui était revenue, complète et même comme dégagée des obscurités qui avaient accompagné les premières crises.

Tout cela s'était accompli comme un changement à vue, car c'est du jour au lendemain que les médecins purent, subitement, annoncer que leur client, condamné la veille, était en état de reprendre les rênes de l'État.

Ce fut une grande joie dans l'entourage royal, mais aussi un grand embarras. Personne n'osait informer le ressuscité de ce qui s'était passé. Ce fut le docteur Vinkhuysen, vieil ami du souverain, qui se chargea de cette délicate mission ; de son côté, la reine-régente voulut assister à l'entretien.

Grâce à la réunion de ces deux êtres aimés, le roi reçut la fâcheuse nouvelle avec plus de calme qu'on n'aurait osé l'espérer. Il prit la reine par la main et la complimenta sur son bon air de souveraine. Mais il n'en fut pas de même à l'égard de son cousin de Nassau. Celui-là a payé pour tout le monde. Toute la colère du roi s'est déchaînée sur lui, et quand on lui a parlé de le maintenir dans le Grand-Duché comme Statthalter, c'est-à-dire comme lieutenant-général, il a été pris d'une crise qui a jeté de nouvelles alarmes dans son entourage.

On assure, d'ailleurs, que le duc Adolphe n'aurait pas accepté cette situation de Statthalter, qui lui donnait le rang d'un simple fonctionnaire, après avoir été prince-régent ; mais il est permis, en vertu d'une fable bien connue, et où il est question de raisins verts, de soupçonner que cette résolution n'avait pas de racines bien vivaces.

Quoi qu'il en soit, la question demeure fort embrouillée. Le roi grand-duc, après sa lettre à son cousin, dont toute l'Europe a pu constater le ton frigorifique, s'est montré fort irrité des sympathies qui avaient accompagné le duc Adolphe, à son départ, ainsi que de l'adresse qui lui a été votée par la Chambre luxembourgeoise. Le ministre, M. de Eychen, a été mandé au château de Loo, et l'on a, pendant un moment, entrevu à l'horizon une crise ministérielle, ce qui eût été un événement sans précédent dans l'histoire du Grand-Duché. Bien plus, on est allé jusqu'à certifier que Guillaume III a fait parvenir une lettre confidentielle aux puissances étrangères pour les consulter sur son intention de modifier la Constitution de ses États, en ce qui concerne le Luxembourg, où la loi salique serait abrogée, de façon à permettre à la reine de prendre la régence des deux États, au cas d'une rechute possible.

L'Allemagne, de son côté, ne reste pas inactive. Tandis que la France et la Russie auraient, à propos de la circulaire précitée, déclaré qu'elles entendaient ne se mêler en rien de cette affaire, l'Allemagne se serait nettement élevée contre ce projet. Et cependant, l'Allemagne n'a été qu'à demi satisfaite des hommages rendus par les Luxembourgeois au duc

Adolphe, ainsi que de l'attitude de ce dernier envers ses sujets d'un jour, le tout ayant produit une protestation en règle contre l'Allemangne.

Cependant les Allemands ne perdent pas tout espoir. Que leur importe la sympathie des peuples, pourvu qu'ils les aient? Ils remplissent donc, plus que jamais, leurs journaux d'études sur l'origine des habitants du Luxembourg, qu'ils font remonter aux Francs ripuaires, sur leur parenté bien établie avec une peuplade de la Transylvanie, et surtout, et toujours, sur le langage luxembourgeois, dans lequel ils veulent absolument voir une intime liaison avec le leur.

Pour prouver le contraire, je pourrais citer des fragments de poésies et de chansons populaires; mais j'aime mieux prendre un exemple de la vie commune. Au restaurant Faber, où se réunissent plusieurs personnages de l'administration et de la représentation nationales, on racontait un accident de voiture qui avait jeté quelque trouble dans la sérénité des fêtes en l'honneur du régent. Voici en quels termes un voisin de table m'a transcrit la critique de cet accident par un député de l'opposition, — on en trouve partout,... même à Lilliput :

« Eng voiture vun dé Messageries royales hoit an enger descente verséert. —' t as dem conducteur seng faute net; ' t as faute vu deen abu'en, dé ' t autoritét toleréent. —'t Déligence ' se net gemacht fir de ' roulage, me fir den transport vun de ' voyageuren. »

Est-ce de l'allemand, je vous le demande?

# CHAPITRE XVI

## LES GRÈVES

*La grève des mineurs de Westphalie.*
*Leurs réclamations.*
*Les salaires et le prix des denrées. — Les accidents.*
*Le livret. — Les ouvriers étrangers.*
*Préparatifs de résistance.*

Tout sommeillait à Berlin sous la douce haleine
du renouveau, lorsque la grève, la pire des grèves,
la grève noire, éclata comme un coup de tonnerre
dans le ciel serein de l'Allemagne impériale.

Personne n'avait remarqué les préparatifs de ce
mouvement; ils existaient cependant; mais la grève
ne devait se produire qu'un mois plus tard, en juin.

Le mécontentement, la colère et la misère en avaient précipité l'explosion ; ce fut cette hâte qui fut la cause d'une issue déplorable pour les mineurs. De plus, la grève générale, projetée par tous les corps de métier, et qui devait éclater au même moment, dans toutes les parties de l'Allemagne, fut empêchée par ce contre-temps ; mais la situation était trop tendue, dans le bassin de la Ruhr, pour permettre un délai ; point n'était besoin de la goutte d'eau qui fait déborder le vase : l'eau coulait à flots depuis longtemps, inondant peu à peu tout ce qui se trouvait sur son passage.

On a résumé en deux mots le programme des grévistes : augmentation de salaire et réduction des heures de travail ; mais on ne s'est guère occupé des circonstances qui ont amené, puis développé ces justes revendications?

Et d'abord, ce que réclame le mineur westphalien, ce n'est pas une augmentation de salaire, mais le retour aux anciens prix ; de même pour les heures.

Au cours d'une crise qui a sévi pendant longtemps et qui a pesé lourdement sur la population des centres houillers, les mineurs ont accepté de grands sacrifices pour ne point augmenter l'acuité de cette crise. Grâce à leur abnégation, le chômage a pu être évité, et de grands intérêts ont été sauvegardés. Aujourd'hui les usines de la contrée sont en pleine activité, ce qui a fait monter le prix du charbon, de sorte que les compagnies minières connaissent une prospérité qui leur avait échappé pendant plusieurs années.

Il semble que les mineurs auraient dû participer à ce bien-être; mais il n'en a rien été. Loin de songer à remettre les salaires dans leur ancien état, les compagnies les ont encore abaissés; de plus, pour accroître leurs revenus, elles exigent de leur personnel un travail surhumain. Sait-on ce que gagne un mineur en Westphalie? Dix-sept marks par semaine, soit: vingt et un francs vingt-cinq centimes. Avec cette somme, comment veut-on qu'il paye ce que M. de Bismarck a, dans un de ses discours économiques, appelé l'impôt obligatoire sur le pain, sur la graisse, sur le tabac, sur l'eau-de-vie, sur le pétrole et sur le sel? Et, de fait, on ne peut se faire une idée de la misère qui règne dans la terre noire de Westphalie. Nos mineurs, en France, sont de grands seigneurs à côté de leurs collègues allemands, et si tout était en proportion en ce bas monde, on pourrait prédire aux contrées d'Outre-Vosges des représailles auprès desquelles les plus sombres pages de *Germinal* ne seraient que des pastorales.

D'autres sujets de plaintes se mêlent à ceux qui précèdent. Au moment même où Berlin célébrait à grands coups de réclame une exposition spécialisée aux moyens propres à éviter les accidents, il était au moins singulier de voir formulées, parmi les griefs des ouvriers-mineurs, la mauvaise tenue des mines et les catastrophes dont elles sont journellement le théâtre. Les explosions, les écroulements de galeries, les dépresssions des puits s'y succèdent sans interruption; les gazettes locales en sont remplies, et les compagnies d'assurances contre les accidents se sont vues forcées d'élever leurs tarifs pour cette zone. Les mineurs réclament, réclament sans cesse, mais personne ne songe à leur donner satisfaction. Du charbon, beaucoup de charbon, du charbon à tout prix, telle est la devise des compagnies.

Puis viennent les petites vexations, telle l'habitude contractée par plusieurs administrations de ne point accorder de certificat aux mineurs qui les quittent à la suite d'un différend, même des plus légers, ou d'écrire simplement en marge de leur livret le mot « parti », ce qui est un mot d'ordre pour les autres exploitations, de sorte que l'ouvrier marqué de ce stigmate ne trouve plus à se placer.

Il convient aussi de noter l'emploi d'ouvriers étrangers, notamment de Polonais, dont l'embauchage maintient l'infériorité des salaires. Pendant la grève, une bataille en règle s'est produite entre

Allemands et Polonais, à Bottrop. Mais pour être juste, il convient d'ajouter que les deux camps se sont unis contre la police, accourue pour les séparer, et que ce n'est que grâce à la troupe que la mêlée générale n'a pas dégénéré en scènes sanglantes pareilles à celles dont Gladbeck, Gelsenkirchen et Bochum ont été le théâtre.

A ce moment-là, les grévistes paraissaient décidés à tout. Ils répondaient aux refus hautains des compagnies par une élévation de leurs exigences; ce n'était plus 15 pour 100 mais 25 pour 100 au-dessus des anciens prix qu'ils demandaient.

Les fusillades ne faisaient que les ancrer davanvantage dans leur résolution d'obtenir, par tous les moyens possibles, satisfaction et justice. Enfin la présence de tout un corps d'armée ne les effrayait pas, bien que les journaux ne leur eussent pas laissé ignoré que le général d'Abedyll avait reçu de Berlin l'ordre d'agir avec la dernière rigueur (*mit ruchloser Énergie*).

Les choses en étaient là, lorsqu'un incident se produisit à Berlin, qui changea la face des événements.

*L'audience impériale. — La trêve.*
*Les partis politiques.*
*La faim. — Panique générale. — M. Krupp.*
*La grève est finie.*


Dix minutes pour régler une question d'où peuvent dépendre les destinées d'un Empire, c'est peu. C'est pourtant là tout le temps que l'Empereur Guillaume II a daigné consacrer aux délégués des grévistes westphaliens.

On connaît les paroles hautaines de Sa Majesté. Pour la première fois le jeune souverain se trouvait en présence de prolétaires ; mais son éducation se fera sur ce point comme sur tant d'autres. Dans le principe, comme nous l'avons vu, l'uniforme seul trouvait grâce auprès de lui ; plus tard, il a bien été forcé d'accorder quelque attention à l'habit noir ; maintenant c'est le tour du bourgeron.

Quoiqu'il en soit, on ne peut méconnaître qu'une détente s'est produite parmi les grévistes, après l'audience impériale. La semaine qui suivit a mis bien des choses à leur point véritable ; elle forme un instructif tableau des mœurs ouvrières allemandes ; c'est une école dont tous profiteront, en connaissant mieux leurs propres forces, ainsi que la valeur exacte de leurs adversaires.

Et d'abord cette période a fait la part exacte du socialisme dans le mouvement westphalien. Sans nul doute, les théories de MM. Bebel et Liebnecht comptent de nombreux adhérents parmi les mineurs du bassin de la Ruhr, mais elles n'y sont pas encore ancrées suffisamment pour établir le passage de la parole à l'action. Une feuille locale a publié une statistique, aux termes de laquelle la population minière se décompose comme suit : nationaux-libéraux, 40 % ; autant de cléricaux ; progressistes, 15 % ; socialistes, 5 %.

Sans doute, on aurait à reprendre à ces chiffres, car le socialisme allemand s'infiltre dans toutes les croyances, politiques ou religieuses ; mais ce qui est certain, c'est que les meneurs de la grève ont soigneusement écarté tout élément socialiste. L'Empereur n'avait donc pas besoin d'évoquer le spectre rouge dans sa brève harangue. Cependant sa menace de faire impitoyablement mitrailler les ouvriers mineurs, s'ils s'avisaient de faire du socialisme, n'a pas compté pour peu dans la balance de l'apaisement.

Guillaume II avait promis de s'intéresser aux travailleurs et de conférer avec les patrons pour les amener à des concessions importantes ; Il a tenu parole, mais ses efforts n'ont pas été couronnés de succès. Les patrons ont promis tout ce qu'on voulait mais ils n'ont rien tenu. Ils connaissent leurs hommes et savent qu'ils ne sont pas près de recommencer la grève; car il est un facteur avec lequel l'ouvrier allemand doit compter : le délabrement de ses forces à la moindre crise alimentaire.

Jeûnant, ou à peu près, toute l'année, sa vigueur l'abandonne au premier chômage. Un corps nourri de pommes de terre n'est guère apte à supporter une diète absolue. Où un autre peut lutter, il succombe. S'il en était autrement, le mineur westphalien ne se serait pas soumis aux premières ouvertures de conciliation, car, il faut bien le dire, jamais occasion plus propice d'améliorer son sort ne s'est produite. La grève avait éclaté si brusquement qu'elle avait jeté le désarroi, pour ne pas dire l'épouvante, dans tous les cercles industriels.

En moins de quinze jours, on a vu les hauts-fourneaux éteindre leurs feux, les aciéries fermer leurs portes, les fabriques interrompre leurs commandes, les usines à gaz menacer les villes d'un rationnement, les chemins de fer et les bateaux à vapeur réduire leurs services, et cela non seulement dans la zone de la grève, mais au dehors, mais au loin, au point que la Hollande, qui tire ses

charbons de la Westphalie, a traversé, de ce fait,
une crise dont a souffert son industrie, et que partout, en Allemagne comme dans les États voisins,
on commandait du charbon où l'on en trouvait : en
Bohème, en Belgique, en Angleterre. L'usine Krupp,
qui consomme de deux cents à trois cents wagons
doubles de houille par jour, faisait venir son charbon
de Silésie pendant la grève, ce qui lui coûtait,
pour le transport seulement, 44,000 marcks, soit
55,000 francs par jour.

M. Krupp possède de nombreuses mines en
Westphalie ; il avait donc intérêt à faire cesser la
grève. Plus qu'aucun autre, il s'est engagé dans les
promesses les plus formelles, mais jusqu'à présent,
il ne s'est pas plus exécuté que ses collègues en
charbonnage. D'ailleurs, pourquoi l'aurait-il fait ?
D'un commun accord, les propriétaires et les di-
recteurs de mines n'ont-ils pas adopté un système
d'épuration qui leur assure la quiétude la plus
complète. Ils sont d'ailleurs aidés dans cette besogne par l'administration qui met en prison tous
les ouvriers qui lui sont désignés comme dangereux. Pour les autres, pour les simples mécontents,
l'expulsion suffit. On a commencé par les délégués
qui avaient été reçus par l'Empereur ; les chefs de
groupes ont suivi ; puis est venu le tour des ouvriers convaincus d'avoir joué un rôle, si petit

qu'il fût, pendant la grève. Pour les remplacer, on fait venir des Polonais, de sorte que la fourniture du charbon n'en subit pas le moindre arrêt.

Qui résoudra maintenant la question?... Ce qui est certain, c'est que tous les remerciés iront grossir les rangs du prolétariat militant. Ils n'étaient pas socialistes hier; ils le sont aujourd'hui; ils le prouveront demain.


## La grève des mineurs de Silésie


Lorsque la situation parut se calmer en Westphalie, l'intérêt se porta vers la Silésie. Là, la situation paraissait absolument inquiétante. A Waldenbourg, il s'est produit des scènes analogues à celles de Decazeville : l'inspecteur Grunnenberg a été massacré sur place, comme Watrin; sa femme, laissée pour morte sur le terrain, n'a dû son salut qu'à sa force vitale, enfin plusieurs ingénieurs et employés des Compagnies minières ont été blessés grièvement.

Dès le lendemain, Waldenbourg ressemblait à un camp. On y avait centralisé deux régiments d'infanterie et deux escadrons de cuirassiers. Le général Boguslawski commandait cette armée.

Ce déploiement de forces, étendu à d'autres centres, devait amener une prompte solution, peu favorable aux ouvriers. Et pourtant jamais revendications plus justes ne furent présentées. Aux réclamations ordinaires, les Silésiens joignirent plusieurs autres qui, à elles seules, auraient dû leur donner gain de cause.

Ainsi, lorsque le wagonnet n'a pas juste le poids voulu ou s'il s'y trouve des pierres, il n'est pas noté ; c'est une perte sèche pour le mineur qui l'a expédié. Il arrive que dans un seul puits, on annule de la sorte de trois à quatre mille wagonnets par mois ; un seul ouvrier a déclaré qu'en un mois on lui a retranché cinquante wagonnets ; c'est tout bénéfice pour la compagnie.

Un autre abus non moins criard consiste dans le gain-maximum. Un ouvrier mineur ne peut gagner plus de cent marks par mois. Si son compte s'élève à cent dix marks, on en retranche dix marks. De ce côté encore, exploitation du travailleur.

De la Silésie, la grève avait gagné la Saxe ; mais là aussi elle fut promptement étouffée, comme en Westphalie, comme dans le bassin d'Aix-la-Chapelle, comme dans les mines de la Sarre.

*Les grèves à Berlin.*
*Les conducteurs et les cochers de tramways*
*et d'omnibus.*
*La grève du bâtiment. — Les femmes des maçons.*
*Partie remise.*

Si les grèves dans les charbonnages avaient réussi, il n'est pas douteux que toutes celles qu'on avait projetées et qui devaient éclater simultanément au mois de juin, se fussent produites. C'eût été la grève générale, la grève monstre, qui eût donné à l'industrie allemande un coup terrible, pour ne pas dire mortel.

Au lieu de cela, on n'a eu que des grèves partielles qui n'ont abouti nulle part.

Dans plusieurs villes, les cochers et les conducteurs de tramways ont donné le signal du mouvement. Depuis les émeutes de Vienne, c'est une habitude parmi ces travailleurs spéciaux, en Allemagne comme en Autriche, de se mettre à tout moment en grève. Le cas est au moins singulier; en tous cas, il a son importance, car il montre qu'il n'est point à l'heure présente, un seul corps de métier, si humble qu'il paraisse, qui ne se sente organisé pour la résistance.

A Berlin, ce fut tout un événement. Les tramways y sont très multipliés, très commodes, fort bien organisés, pas cher, et dirigés par un personnel complaisant et poli qui ferait singulièrement sourire nos autocrates de la compagnie parisienne. Il n'en faut pas plus pour expliquer la prospérité dont ils jouissent, mais dont ils ne font pas profiter ce personnel d'élite.

Le programme de ce dernier était celui de tous les grévistes. Les cochers et les conducteurs de tramways travaillent de treize à quinze heures par jour et touchent des appointements dérisoires. Ce qu'ils demandaient, c'était de ne travailler que dix heures et de commencer à 90 marks par mois, avec augmentation progressive de 3 marks jusqu'à concurrence de 105 marks. C'étaient là des prétentions bien raisonnables ; mais la direction n'en a pas jugé de la sorte. Elle a repoussé la requête de ses employés et, pour leur indiquer que ce refus était sérieux, elle a rempli ses cours d'agents de police qui ont notifié, dès le matin, aux cochers et aux conducteurs qu'ils eussent à se soumettre ou à quitter la place, sur l'heure. La moitié du personnel s'est retiré, mais il est revenu, peu à peu, les jours suivants, sans avoir gain de cause.

Berlin possède aussi des omnibus. Moins favorisés que leurs collègues des tramways, les cochers et les conducteurs de ces voitures travaillent dix-sept heures par jour et doivent, en outre, laver et nettoyer leurs voitures ; on leur accorde deux jours de congé par mois ; et pour toute cette besogne, ils ne touchent que 2 marks 60 pfennigs et 2 marks 80 pfennigs par jour. Ces malheureux ont aussi quitté leur poste, mais ils n'ont pas tardé à le reprendre, sans plus de succès que leurs confrères.

Mais ce n'étaient là que des escarmouches, quelque chose comme la petite pièce avant la grande. Le 15 mars, les compagnons charpentiers tinrent une réunion plénière, où la grève générale fut décidée. Les maçons suivirent cet exemple peu de jours après, ainsi que les couvreurs, les tailleurs de pierre et les peintres. Bientôt tout le *bâtiment* fut en grève.

Pour le coup, on crut à la réalisation prochaine du programme annoncé. Tout Berlin fut en rumeur et l'on réclama la proclamation de l'état de siège, non seulement dans la capitale, mais partout où la moindre velléité gréviste se ferait jour, afin de conjurer le péril, s'il en était temps encore. Mais le gouvernement ne se soucia guère de donner satisfaction à la requête publique en cette circonstance;

l'état de siège, dans une partie de l'empire, ne pouvait que surexciter les esprits dans les autres contrées, et d'autre part, c'était, pour l'administration, une lourde responsabilité de le proclamer à la fois à Berlin, en Silésie, sur le Rhin et dans vingt autres endroits. On y regarda donc à deux fois, avant de se lancer en pareille aventure, et bien en prit au gouvernement, car bientôt les grèves cessèrent d'elles-mêmes.

Celle des tailleurs de pierre se termina la première ; elle avait engouffré plus de 40,000 marks en moins d'une semaine. Puis ce furent les maçons qui durent s'incliner devant la ténacité des patrons. Un incident spécial fut cause de leur résolution. Un matin, comme ils sortaient d'une brasserie du quartier de Moabit, après avoir voté la continuation du chômage, leurs femmes, qui les attendaient, jetèrent leurs paniers devant eux.

— C'est cela, disaient-elles, on va de nouveau passer la journée au cabaret, tandis qu'on laisse femmes et enfants sans pain à la maison.

Quelques couples en sont venus aux mains, et le sexe fort n'a pas eu toujours le dessus. Mais la leçon avait été bonne, car le lendemain on reprenait le travail.

La grève générale a donc fait crédit à l'Allemagne au printemps dernier ; mais avec la ténacité propre à l'Allemand et sa soumission à la discipline, de quelque côté que vienne le mot d'ordre, on peut prévoir que le grand mouvement ouvrier n'a pas dit son dernier mot.

J'ai vu de près les populations minières du bassin de la Ruhr, pendant les sinistres journées de mai, et je résume ainsi mes impressions :

Dans toutes les phases de la grève, les mineurs ont obéi passivement à leurs délégués. On leur a dit de reprendre le travail, et ils se sont rendus, sans murmurer, au puits. Qu'on leur ordonne demain de reprendre la grève : ils recommenceront à jeûner, sans maugréer. Et s'il faut se battre, ils se battront, ce qui n'est pas à souhaiter.

# CHAPITRE XVII



L'ABDICATION DU ROI MILAN

*Une prédiction de la reine Nathalie.*
*Une lettre d'excuses.*
*L'impression en Hongrie.*
*Origine des sympathies du roi pour l'Autriche.*

Lorsque la reine Nathalie vint à Vienne, au moment où l'on venait de lui ravir sa couronne et son fils, elle n'y trouva ni un ami ni une consolation.

A l'Hôtel-Impérial, où elle était descendue, aucune visite ne lui fut faite, aucune parole de sympathie ne lui fut portée. Comme elle causait, un soir, à la fenêtre, avec une personne de sa suite, l'entretien vint à tomber sur le prince de Cobourg, momentanément prince de Bulgarie.

16

— Oh ! celui-là, dit-elle, ne restera pas longtemps à Sofia.

Et, montrant la partie du Ring, comprise entre l'hôtel et l'Opéra, et qui est le boulevard des Italiens de Vienne, elle ajouta :

— Je le vois, se promenant là, bras dessus bras dessous, avec mon mari.

La moitié de cette prophétie s'est accomplie. L'autre ne tardera sans doute pas à suivre. Entre temps, on ne saurait s'imaginer la surprise, l'ébahissement, la stupéfaction des Viennois, en apprenant l'abdication du roi de Serbie. Certes, ce monarque n'avait pas caché son intention de renoncer au pouvoir. On a souvenir, à Vienne, de ses intrigues auprès du gouvernement autrichien, il y a trois ou quatre ans, pour obtenir son *exeat*. Nombre de fois, depuis, dans les cercles où il fréquentait, il s'était laissé allé à de violentes imprécations contre les chaînes du pouvoir. Mais qui se fût attendu à ce départ brusque, fébrile, presque maladif ?

Comme il est d'usage de mettre sur le compte de leurs nerfs toutes les lubies qui, depuis quelque temps, hantent l'esprit des souverains, on n'a pas manqué d'attribuer la fugue du roi Milan à des accidents de la nature de ceux qui ont établi la renommée du docteur Charcot. Aussi bien, l'auteur de cette révolution de palais a pris les devants pour donner créance à ces bruits, en écrivant à un de ses amis :

« Je souffre horriblement. Personne ne peut se figurer ce que j'ai enduré depuis plusieurs mois. Mes cheveux ont blanchi et sont tombés en partie ; les médecins disent que c'est la conséquence de mon état de surexcitation. Depuis plusieurs semaines, je ne dors pas ; si je m'assoupis pendant deux ou trois heures, je n'en éprouve aucun repos. Dernièrement j'avais à tenir un discours ; c'était à l'occasion d'un cadeau que m'apportait le Consistoire israélite. Soudain, je fus pris d'étourdissements, je titubai et je crus que j'allais tomber. On a prétendu que j'étais ivre... Si ces gens-là savaient combien j'ai travaillé en ces derniers temps, ils ne parleraient pas ainsi... Oui, le travail et les soucis m'ont épuisé, et maintenant j'aspire après mon départ comme un écolier après les vacances. »

Cette lettre, sans aucun doute écrite en vue de la publicité, a-t-elle eu le don de convaincre les hommes politiques, moins crédules que le commun des mortels en manière de vapeurs cérébrales ? On peut en douter ; car, dès le lendemain de son abdication, la presse officieuse, allemande et autrichienne, le prit de très haut, avec le prince démissionnaire. Elle lui reprochait sa désertion et sa félonie. Suivant les gazettes des deux pays, il avait

tenu la situation et n'aurait eu qu'à laisser les événements s'accomplir. Au lieu de cela, tout était
remis sur le tapis. Le régent Ristitsch est un ami
des Russes. Sous le gouvernement du roi Milan,
il avait montré, comme président du conseil, une
attitude correcte à l'égard de la monarchie austro-
hongroise. La conserverait-il comme régent?

En Hongrie, où l'on est plus près de la Serbie, la
détermination subite du prince a causé certaine
surprise aussi. Quant au fait même de son abdica-
cation, il était prévu depuis longtemps. Les bases
en avaient été jetées dès l'automne de 1888, à Abaz-
zia ; de sorte que l'éclat final n'était, pour les gens
bien informés, qu'une affaire de temps.

Ce temps était même devenu d'une éventualité
prochaine par suite des bruits, aujourd'hui recon-
nus fondés, qui couraient sur l'état pitoyable dans
lequel se trouvait le pays. On savait que le roi
Milan avait usé tous les hommes dont il avait cru
pouvoir attendre quelque dévouement, et l'on con-
naissait surtout le néant de la situation financière.
A l'intérieur, les employés, les officiers avaient des
arrérages de solde considérables ; les impôts ne
rentraient pas et personne n'osait en provoquer le
recouvrement ; enfin les banques refusaient au gouvernement l'escompte de ses bons. Dans ces conditions, le souverain se voyait engagé dans une

impasse, sans compter que sa politique ultra-autrichienne lui avait ôté l'appui de toutes les forces vives de la nation. Il devait donc abdiquer, c'était fatal, et cela dans un temps rapproché. Son fils n'a pas, envers l'Autriche, les attaches qui le liaient à ce pays ; il pourra donc... ou plutôt ses mentors pourront faire de la politique plus en communion d'idées avec celle du peuple, qui aime les Russes et jette des yeux très doux sur l'Herzégovine et la Bosnie, ce qui ne saurait déplaire à Pétersbourg.

Cet état de choses effraye le cabinet de Vienne et lui inspire des plaintes dont la presse autrichienne se fait l'écho :

« La politique de l'Europe centrale, dit le *Tagblatt*, avait tout lieu de se réjouir de voir le roi Milan régner en Serbie. C'était un adversaire du tzar, prêt à mettre en branle toutes les forces de son pays au jour de l'action contre la Russie. »

De son côté, la *Nouvelle Presse libre* constate qu'il s'était efforcé de créer un parti dit de progrès, propre à le seconder dans sa politique autrichienne, mais que ce parti allait chaque jour s'affaiblissant.

A ce propos, il n'est pas inutile de rechercher à quelle occasion le roi s'est tourné délibérément vers l'Autriche. C'était après la guerre des Balkans. La Serbie et le Monténégro s'étaient battus aux côtés de la Russie. Après la campagne, l'empereur Alexandre II fit, dans un ordre du jour, l'éloge de l'armée monténégrine, vantant sa bravoure et son abnégation, « ce qu'il ne pouvait, à son grand regret, faire pour l'armée serbe. » Le prince fut vivement froissé de ce blâme public, et c'est alors qu'il se mit en elation plus intime avec l'Autriche.

*Un habitué de Vienne.*
*Alexandre le Petit. — Un pélagogue allemand.*
*Souvenir de Wiesbaden.*

Le roi Milan a, d'ailleurs, professé toujours une grande prédilection pour ce pays. Il est un hôte habituel de la ville de Vienne, où il est assez populaire. Là, loin de toute contrainte, il s'abandonnait, pendant son règne, aux jouissances bien douces de l'incognito. Il avait, comme l'archiduc Rodolphe, son fiacre attitré, pour ses promenades, mais, le plus souvent, on le rencontrait flânant dans les rues, s'arrêtant aux vitrines des magasins et fréquentant, comme un simple particulier, les restaurants et les cafés.

La dernière fois qu'on a pu le voir à Vienne, avant

son abdication, c'était en octobre dernier. Il était
accompagné de son fils, que l'histoire gouailleuse a
déjà surnommé Alexandre le Petit. C'est un enfant
à la main éveillée, au teint mat, avec les cheveux
noirs et brillants. Son père l'emmenait fréquemment dans les théâtres et dans les redoutes. Un jour,
on les vit à l'établissement Ronacher, où ce n'est
précisément pas la place des enfants.

Que sera l'avenir de ce souverain de treize ans
Son père n'était guère plus âgé quand il fut proclamé prince de Serbie. M. Ristisch lui fit l'appren-
tissage facile, comme il le fera sans doute pour son
fils. Puis Alexandre régnera... combien de temps?
C'est le secret des diplomates; car, ainsi que le disait
un personnage politique, c'est la responsabilité de
la paix européenne dont vient de se défaire le roi
Milan.

A la première nouvelle de l'avènement du jeune
Alexandre, un journal de Vienne s'est empressé
d'envoyer un de ses reporters chez un professeur
qui lui a donné des leçons d'allemand pendant un
séjour à Baden, au printemps de 1887. Ce pédagogue
s'est répandu complaisamment en éloges sur l'application et la bonne conduite de son ancien élève;
mais il s'est vu forcé de convenir qu'il n'était pas
très fort en allemand, tandis qu'il parlait le français
aussi couramment que sa langue naturelle.

Par contre, le professeur s'est fait garant des sympathies du prince pour l'Allemagne, sympathies que développent « avec un soin pieux » ses deux gouverneurs, le Dr Dokics et le professeur Papovies, tous deux anciens étudiants de l'Université de Berlin, « dont le zèle pour la grande cause allemande ne fait de doute pour personne ».

On peut se demander si M. Ristisch a conservé ces intéressants personnages auprès de son royal pupille.

Il est vrai que leur influence ne doit pas s'ancrer bien profondément dans l'esprit de leur disciple. L'enfant n'a certainement pas oublié les scènes honteuses de Wiesbaden, et le roi d'aujourd'hui ne peut manquer de faire honneur à ses propres paroles, lorsqu'on l'arracha brutalement des bras de sa mère :

— Je ne pardonnerai jamais cela à l'Allemagne.


### *La reine Nathalie. — Victoire russe.*


La reine Nathalie, voilà l'épouvantail des adversaires de la Russie. On connaît les précautions prises par le roi Milan, revenu sur l'eau presque aussitôt

que disparu, pour empêcher les entrevues de sa
femme et de son fils. Mais cet ostracisme n'aura qu'un
temps. De si tôt, le petit roi ne s'occupera point
de politique; il a des régents pour cela ; les finances
lui sont indifférentes, car ses besoins d'argent sont
encore nuls; il ne s'informera donc pas du cours
de la Bourse et ne demandera pas si l'on prépare la
paix ou la guerre; mais, chaque jour, la solitude et
le besoin de caresses lui pesant davantage, il crie :
*Maman!* Et le pays, qui l'acclame et qui l'aime,
parce qu'on l'a mis sous sa sauvegarde, répète en un
formidable écho : *Maman!*

Si Nathalie revient, disait un journal officieux, la
Serbie échappe à l'influence européenne (lisez autrichienne et allemande)... Par contre, les Tchèques,
toujours prets à faire le jeu de la Russie, forment
des vœux pour le retour de la reine, « afin, disait le
*Nar-Listy*, de faire pièce aux bonnes gens de Berlin
et de Vienne. »

La situation a été résumée par un journal viennois :

« L'abdication du roi Milan est une grande victoire
de la politique russe. »

# CHAPITRE XVIII



*La Florence du Nord.*
*La ville en fête. — La famille de Wettin.*
*Ses descendants actuels.*
*Spectacle militaire.*


Nul endroit n'est mieux disposé que Dresde pour
une fête historique. On a nommé Dresde la Florence
du Nord, et très véritablement elle justifie cette
appellation. A l'époque de la Renaissance, des nuées
d'Italiens se sont abattus sur la Saxe, appelés par
les ducs et rois de Pologne, dont plusieurs patron-
nèrent les arts et les lettres. De cette invasion est

résulté, pour Dresde, un cachet très particulier. De
vieilles Burgs aux murs noircis émergent des cam-
paniles en marbre blanc qui se détachent sur le
bleu du ciel. L'Elbe coule à pleins bords entre des
terrasses de verdure. Au loin, les montagnes de la
Suisse saxonne se profilent dans une vapeur enso-
leillée. Quand on débouche sur le vieux pont qui
conduit à la Résidence, le spectacle est vraiment
agréable.

Aujourd'hui, cette impression se double d'un air
de fête qui se traduit par des banderolles sans
nombre, flottant aux clochers, ou pendant au long
des maisons tapissées de verdure. Les couleurs de
Saxe, vert et blanc, dominent. Si l'Empereur ne devait pas venir, il est certain qu'elles régneraient à
l'exclusion de toutes autres, y compris celles du
drapeau impérial, car on est fort autonomiste en
Saxe.

Dans toutes les rues et à tous les carrefours s'élèvent des arcs de triomphe et des dômes en fleurs et
en rubans. Des inscriptions, des armoiries, des em-
blèmes de toutes sortes garnissent façades et pi-
gnons; dans les petites rues de la vieille ville, on se
croirait transporté dans une de ces kermesses que
les anciens peintres allemands se plaisent à représenter; à chaque coin, il semble qu'on va voir apparaître des bandes de hallebardiers et de lansque-

nets, des groupes d'escholiers batailleurs, des chevauchées de nobles seigneurs et de nobles dames;
et, en effet, c'est le spectacle dont on a pu jouir le
21 juin dernier, jour où s'est déroulé dans la ville
un cortège historique comme on n'en avait jamais
vu, même en Allemagne, qui est le pays des cortèges historiques.

Ce cortège formait le numéro principal des fêtes
en l'honneur du 800e anniversaire de la prise de
possession du pays par la maison de Wettin, qui
règne encore sur les royaume, grands-duchés et du-
chés de Saxe. Peu de familles allemandes peuvent
se vanter d'une aussi longue carrière. Les Habsbourg, les Wittelsbach comptent à peine six et sept
cents ans de domination. Quant aux Hohenzollern,
ce sont les parvenus de l'histoire.

Le chef de cette maison trônait cependant en première ligne dans cette réunion familiale. Il est
arrivé le second jour, accompagné de son ministre
de la guerre, car il est dit que la Prusse ne peut pas
faire un pas sans montrer un coin de baïonnette. Le
voyage de Guillaume II avait d'ailleurs pour but
principal une inspection en règle de l'armée
saxonne. Autour de l'Empereur se sont groupés tous
les princes de la maison de Saxe, jusques et y compris le comte de Flandre et le duc d'Édimbourg, représentant les branches régnantes à l'étranger.

Ces personnages assistaient au début de la fête. Dès la veille, des trains de plaisir amenaient des voyageurs de tous les points de l'Allemagne. De Berlin seulement, il en est venu dix. Le soir, retraite aux flambeaux, organisée par les étudiants de Leipzig et les élèves de l'École polytechnique de Dresde. Le spectacle promettait des surprises, car on avait fait de grands préparatifs de costumes et d'attributs; malheureusement il pleuvait à torrents.

La journée du lendemain était occupée par les réceptions, où ont figuré tour à tour les Chambres, l'administration et l'armée, représentée par des délégations de tous les régiments saxons et de tous ceux du reste de l'Allemagne, dont le roi Albert est colonel. Un dîner de famille a suivi; puis la cour a honoré de sa présence un spectacle militaire organisé par les officiers de cavalerie de la garde et des régiments cantonnés à Dresde.

On avait aménagé pour la circonstance une immense enceinte, un véritable palais de bois, où quatre cents cavaliers ont pu manœuvrer à l'aise, figurant des combats, des passes d'armes, des cortèges et des jeux de toutes sortes. Ces tableaux, très brillants, se déroulaient dans des torrents de lumière qui mettaient des étincelles aux ors des costumes.

On avait choisi pour sujet une page historique de la maison de Saxe : la délivrance, par l'électeur Georges III, de l'armée impériale, bloquée dans Vienne, en 1683. Les Turcs, sans respect pour la trêve de vingt ans, conclue en 1664, s'étaient rués inopinément sur la capitale de l'Autriche. Le duc de Lorraine, surpris à l'improviste, s'était défendu vaillamment; mais il allait succomber lorsque ses alliés, accourus à son appel, vinrent le délivrer. Leur avant-garde, commandée par l'électeur de Saxe, mit les Turcs en déroute à Heiligenstadt, faubourg de Vienne, et prépara ainsi l'évacuation définitive de la patrie autrichienne.

Ce fait d'armes a été représenté de point en point. Nous sommes au camp des Tartares, prétexte à manœuvres équestres. Les Osmanlis sont en fête. Tout est à la joie. Soudain, les trompettes se font entendre. Des trabans, des uhlans, des housards se précipitent dans l'arène; c'est l'attaque d'Heiligenstadt. Après toute une série de charges et de mêlées, où résonnent les cliquetis des sabres, les Turcs sont chassés et le triomphe s'organise.

Voici d'abord le roi de Pologne, Jean Sobieski, entouré de ses magnats. Ils sont couverts d'or et de fourrures. Puis s'avancent, entourés de timbaliers, le duc de Lorraine et sa suite. L'électeur de Bavière, le margrave de Bade, et toute une cohorte de princes

allemands viennent ensuite. Des sonneries éclatantes
saluent leur arrivée. Les étendards s'inclinent sur
leur passage. Le canon tonne. Les cloches sonnent
à toute volée... C'est une mise en scène que ne dé-
savouerait pas l'Hippodrome.


*L'Empereur à Dresde.*
*La revue. — Guillaume en voyage.*
*Inauguration de la statue du roi Jean.*
*Le cortège historique.*


L'Empereur est arrivé le lendemain à neuf heures
du matin. Il a été reçu par le Roi et par les princes
à la gare de Leipzig d'où l'on s'est rendu directement à la place des Parades, où a eu lieu une
grande revue. Des troupes étaient venues de toutes
les parties de la Saxe ; aussi formaient-elles une véritable armée. Le roi de Saxe a présenté ses soldats
à l'Empereur qui, à son tour et pendant tout le défilé, a pris la tête du 2ᵉ régiment de grenadiers
saxons, dont il est le chef, pour en faire les honneurs au roi Albert.

Guillaume II paraissait en bonne santé, bien qu'un
surmenage de locomotion eût produit en sa per-

sonne une lassitude accompagnée d'accidents nerveux, dont on s'occupait beaucoup à ce moment. Coup sur coup, dans la période qui venait de s'écouler, l'Empereur avait visité de nombreuses petites cours allemandes. De plus, il avait chassé longuement du côté de Weimar, puis à Prakelwitz, dans la Prusse orientale. Enfin, les fatigues résultant du séjour du roi Humbert à Berlin pouvaient bien entrer dans la balance. Mais le besoin de locomotion fait partie du traitement que le souverain s'impose pour combattre la trop grande irritabilité de ses nerfs.

Deux jours après son voyage à Dresde, l'Empereur se rendait, avec l'Impératrice, à Stuttgard, pour assister au jubilé du roi de Wurtemberg; de là, le couple impérial prenait le chemin de Sigmaringen, pour prendre part au mariage du prince Guillaume de Hohenzollern; deux jours après, nouveau mariage, à Carlsruhe, celui de la princesse Marie de Bade avec le prince héritier d'Anhalt, et finalement, pour se reposer de toutes ces excursions, le grand voyage en Norwège, avec ascensions de glaciers, chasses, pêche, et autres sports, dits de repos!

Mais revenons à Dresde. A trois heures a eu lieu l'inauguration de la statue du roi Jean, père du roi actuel et l'ancien ami particulier de Guillaume Ier, ce qui lui évita, sur la simple formalité de quelques humiliations, d'être dépouillé de sa couronne, comme la plupart des autres alliés de l'Empereur d'Autriche, aujourd'hui l'ami de Guillaume II. Mais tout s'oublie parmi les princes allemands : les peuples seuls restent au cimetière. La tenue du jeune Empereur d'Allemagne a d'ailleurs été très correcte en cette occasion : il a présidé, d'un balcon de la Résidence, à l'inauguration de la statue du roi Jean.

Le soir, dîner de gala; puis, répétition du spectacle militaire de la veille, et, à dix heures, départ pour Berlin. La Cour avait espéré que l'Empereur daignerait assister, le jour suivant, au défilé du cortège historique; mais Guillaume II avait hâte de regagner Berlin ; il avait vu ses soldats de Saxe, et cela lui suffisait.

L'Empereur a eu tort de se priver de ce numéro du programme, qui a tenu tout ce qu'il promettait. Le cortège ne comprenait pas moins de douze mille personnages, à pied et à cheval, répartis en plusieurs groupes où figuraient des chars allégoriques.

Un groupe d'échevins portant le costume de 1089, ouvrait la marche. Puis venait toute l'histoire de la Chevalerie. L'Électeur Auguste conduisait ensuite son équipage de chasse; c'était un grand seigneur qui punissait de mort non seulement tout braconnier, mais encore tout paysan qui ne se laissait pas gruger par les sangliers des réserves domaniales... Ils suivaient, les corvéables de tous les âges, représentant des idylles villageoises. Puis venait la représentation assez exacte du cortège des brasseurs qu'on avait eu à Berlin la semaine précédente. Les corps de métiers, en costumes traditionnels, se déroulaient finalement en procession qui semblait interminable. Il en venait, il en venait toujours, avec des chefs-d'œuvre aussi hauts que les maisons ; au dernier peloton, des représentants de tous les groupes entouraient un char allégorique de la Paix surmonté d'une colombe tenant en son bec une branche d'olivier.

Le défilé a duré deux heures et demie ; mais telle était la variété des tableaux, que ce spectacle n'a point paru trop long.

Le soir, les fêtes se sont terminées par une illumination de la terrasse de Bruhl et par un feu d'artifice sur la rive droite de l'Elbe.

Il a fallu ensuite courir au chemin de fer pour assurer le retour à Berlin. Ce n'était pas chose facile, car les rues étaient encombrées. Les figurants du cortège avaient gardé leurs costumes. Partout on banquetait en plein air. On se serait cru à une de ces bâfrées monstres que décrivent les chroniqueurs de la vieille Allemagne.

# CHAPITRE XIX

## BISMARCK ET LE PARTI MILITAIRE

*Bismarck à la Cour. — Les haines du Chancelier.*
*Le parti militaire et le comte Waldersee.*

Nous avons dit que M. de Bismarck n'allait plus à
la cour. Depuis le jour où le comte Perponcher,
préfet du palais, lui avait assigné une place qui
n'était pas celle à laquelle il avait droit, il n'avait
paru à aucun dîner de gala.

Le Chancelier a cru devoir faire exception en faveur de l'empereur d'Autriche, lors de la dernière
visite de ce prince à Berlin ; mais il est arrivé au
dîner quand les souverains avaient déjà pris place
et au moment où l'on servait les huîtres.

17.

Malgré la surprise des courtisans, M. de Bismarck s'est avancé calme et droit, sans paraître se soucier aucunement de l'attention dont il était l'objet. Après s'être incliné devant les deux empereurs et devant l'impératrice, il s'est assis tranquillement et a commencé à manger et à boire avec l'appétit qu'on lui connaît.

Le prince paraissait très bien portant et s'entretenait avec tant d'animation avec le comte Kalnoky, qu'il ne s'apercevait pas que l'empereur lui recommandait de tels ou tels mets et lui reprochait, en plaisantant, de ne pas suivre les prescriptions sangradesques de son médecin.

Quand le Chancelier remarquait les attentions de son maître, il se levait et remerciait.

A ce même dîner, M. de Bismarck a écouté debout les deux toasts, et, quand l'empereur d'Autriche a fait des vœux de prospérité pour son allié, il a saisi sa coupe de vin de Champagne, et l'a vidée d'un trait.

Mais ce n'était là que la première partie des surprises réservées aux convives de l'empereur Guillaume II. Bismarck à la Cour, c'était beaucoup déjà ; mais quel ne fut pas l'étonnement général, quand on vit, après la table, le Chancelier se lever et marcher droit au comte Waldersee, pour s'entretenir avec lui longuement et avec une cordialité affectée.

Ce fut un coup de théâtre. Vainement l'empereur avait, à plusieurs reprises, tenté un rapprochement entre son premier ministre et le chef du grand état-major. Une fois même, il avait amené le chef du parti militaire chez M. de Bismarck, à un dîner où il s'était invité sans façon ; mais la rencontre des deux hommes d'État n'avait présenté qu'un simple échange de paroles indifférentes, où la courtoisie même n'avait joué qu'un rôle accessoire.

C'est que M. de Bismarck ne hait pas les gens à demi. On en a eu la preuve lors de ses démêlés fameux avec le comte d'Arnim. Souvent même on chercherait vainement l'origine de ses haines. Tel le cas pour le pasteur Stœcker, un si bon ancien ami, ainsi que pour le comte Hammerstein, qu'une disgrâce souveraine a renversé de son siège directorial de l'un des journaux les plus conservateurs de Berlin, à la suite de cette exclamation du Chancelier : « Un homme comme il faut ne lit pas la *Gazette de la Croix.* »

Pour le comte Waldersee, la question est plus grave. Le comte, c'est l'astre qui se lève, le prince, c'est le soleil au déclin. Les journaux allemands n'ont pas ménagé cette comparaison à l'ancien favori de Guillaume I<sup>er</sup>. Pour le moment, Guillaume II soutient sa fortune, par respect pour la mémoire de son aïeul ; mais qui sait combien de temps il pourra

et voudra lutter contre l'envahissement du parti
militaire, auquel il appartient corps et âme et dont
la suprématie ne peut manquer de le lancer dans les
aventures belliqueuses auxquelles son esprit s'en-
tr'ouvre délicieusement.

La rapière rouillée, d'un côté, l'épée finement
aiguisée, de l'autre... La balance n'est pas égale, et
l'on peut prédire, sans être sorcier, dans quel sens
elle penchera.


*Les révélations des* NOUVELLES DE HAMBOURG
*Le père et le fils.*
*La carrière du comte Herbert.*
*Le successeur probable de M. de Bismarck.*
*L'avenir.*


C'est à propos de l'incident Geffken que le public
fut mis au courant des différends qui existaient déjà
depuis longtemps entre le prince de Bismarck et le
comte Waldersee.

A la suite de l'ordonnance de non-lieu prononcée
par le tribunal de Leipzig en faveur de l'ancien
confident de Frédéric III, les *Nouvelles de Hambourg*,
journal anti-bismarckien, donnèrent le signal d'une
campagne véhémente ayant pour objet le renverse-

ment prochain du Grand Chancelier de l'Empire.

Jamais aucune feuille n'avait montré une aussi grande hardiesse. Aussi, le prince fut-il pris, à cette occasion, d'un de ces accès de colère dont la légende s'est, à maintes reprises, emparée. Par contre, le public, surpris par l'audace même de la proposition, s'était fait promptement à l'idée de la disparition éventuelle de son favori de la veille. Le bruit de la démission de M. de Bismarck courut même très sérieusement à la Bourse de Berlin, et trouva créance auprès des esprits les plus méfiants. Le soir même, les gazettes étaient remplies du comte de Waldersee, que l'opinion donnait pour successeur au grand-chancelier.

Cette petite perfidie n'était point mal calculée. Ses auteurs, en l'inventant, savaient qu'ils visaient leur adversaire droit au cœur. Le prince de Bismarck, en disparaissant, aurait, au moins, dans son orgueil paternel, désiré que le comte Herbert lui succédât ; car le vieux diplomate a foi dans les talents de son fils ; en parlant de lui, il a coutume de dire : « Herbert est le seul Bismarck qui ait jamais travaillé ; si j'avais travaillé comme lui, on serait peut-être parvenu à faire quelque chose de moi ; » enfin, de tout temps, il lui a prédit le plus bel avenir, appliquant sans doute, à son fils, dans sa pensée, ce que disait le grand Frédéric, à propos de son neveu, qui fut Frédéric-Guillaume II : « Ce jeune homme me recommencera. »

Mais, hélas ! tout fait présager que cette prophétie ne se réalisera pas plus dans l'une que dans l'autre maison. Selon toute probabilité, le comte Herbert ne sera jamais que le Frédéric-Guillaume des Bismarck. Mauvais ambassadeur, il pourra fournir une carrière honorable de ministre des affaires étrangères, temporairement du moins. Quant à viser les hautes fonctions de Chancelier de l'Empire, il lui faut renoncer à ce rêve ambitieux. Ses débuts au Reichstag n'ont point été à la hauteur de ce qu'on attendait de lui. Quant à ses voyages à Rome et en Angleterre, ils ont montré qu'on avait affaire à un imprudent, facile aux petits côtés des questions, mais absolument dépourvu du tact qui fait les Talleyrand et les Metternich.

Nous avons vu le comte à Rome, où son attitude à l'audience du Pape fut au moins singulière. Lorsqu'on annonça le prince Henri de Prusse, le Pape faisant un signe pour indiquer qu'il désirait converser avec l'empereur Guillaume seul, Herbert, — on l'a su récemment par une révélation des *Historisch-politische Blaetter* — s'écria brutalement :

— *Maintenant ou jamais*, Saint-Père ! un prince allemand n'attend pas dans l'antichambre.

Et Henri, l'inutile, entra... Le congrès catholique

de Bochum était proche, et les prélats allemands ont
encore beaucoup à attendre de la manne impériale.
Comme l'a dit M. de Windthorst, précisément au
congrès de Bochum, le *Kulturkampf* est loin d'être
fini.

En Angleterre, le comte Herbert a été moins diplomate encore. Avec le Pape, il avait affaire à un
vieillard dont l'humilité voulue forme un roc, à
l'inertie duquel de plus forts que des Schœnhausen
se sont brisés ; mais il avait du moins l'apparence
de la victoire. Tandis qu'avec la reine Victoria, le fil
blanc dont était cousue l'aventure, a paru de suite.
Herbert de Bismarck a traversé deux fois la mer
pour obtenir les fameux papiers de Frédéric III et
conclure une alliance offensive et défensive avec
l'Angleterre. Or, les papiers n'ont été rendus
qu'ensuite, en famille, dans l'intimité d'Osborne,
et pour l'alliance, le gouvernement anglais n'a jamais permis qu'un journal allemand, ayant quelque attache officielle, voire officieuse, en parlât. Par
contre, le fils de Bismarck est revenu dans son pays
avec un traité par lequel l'Angleterre, prenant en
pitié la situation misérable des Allemands sur la
côte orientale de l'Afrique, se montre prête à leur
succéder en ces pays.

Pour les Samoa, l'on sait de quelle façon déli-
bérée l'Amérique en a usé avec le comte Herbert à

la Conférence de Berlin. Ce n'est donc point encore cette page qui a pu le recommander à l'attention de Guillaume II pour le poste de premier ministre de son empire. Décidément, les chances sont pour le comte de Waldersee.

Mais quel est-il, ce nouveau venu : Waldersee, « l'homme-programme », comme on l'appelle? Est-ce un homme capable, un homme de taille, un « homme de fer » comme celui qu'il se propose de remplacer? Nul ne le sait encore. Élève favori du maréchal de Moltke, il a montré de grandes qualités dans le poste militaire qu'il occupe; mais comme personnage politique, il n'a point encore eu l'occasion de se produire. On sait seulement qu'il est l'ami de M. Stœcker, le fougueux adversaire de M. de Bismarck; et l'on n'ignore pas aussi, ce qui est essentiel, qu'il représente le parti bouillant de l'action militaire, prêt à marcher au premier signal, contre vagues et montagnes, pour obtenir la revanche du trop-peu de 1870.

M. de Bismarck avait médité de ronger l'os alsacien-lorrain. Son successeur éventuel a plus grand appétit : il rêve des bons morceaux de Champagne et de Bourgogne et des franches happées de Courlande et de Lithuanie.

Malheureusement, des deux côtés, on se tient prêt à contrecarrer son jeu. La Pologne russe est un camp immense où, suivant l'image pittoresque d'un témoin, se montre un rouleau prêt à passer, comme une balayeuse, sur l'Allemagne. Pour la France, c'est l'Allemagne elle-même qui s'est chargée de proclamer qu'avec notre nouvelle loi militaire, nous allions avoir bientôt plus d'hommes qu'elle sous les armes, indépendamment de notre artillerie qui, depuis longtemps, a, par comparaison, servi de texte aux réclamations des ministres allemands au Reichstag.

### Épilogue.

Nous n'avons donc, en France, rien à précipiter, et rien à retarder. Les temps sont loin où l'Allemagne ne passait pas un jour sans nous envoyer le gant de la provocation. Elle connaît maintenant nos forces mieux que nous ne voulons nous les avouer à nous-mêmes. Puis, il y a la Russie, dont l'alliance tacite mais certaine, avec la France, complète, à ses yeux, ce petit instrument très simple, qu'on vend dans les bazars, où il est connu sous le nom de casse-noix, et qui vient à bout, toujours, des plus rudes noyaux qu'on mette entre ses brisants d'acier.

A deux, on est, dans ces conditions, plus fort qu'à trois, surtout quand ces trois ne sont unis que par des liens d'une extrême ténuité.

Disons-nous cela et regardons l'avenir avec confiance. Sans forfanterie, nous n'avons rien à craindre de Guillaume II et de ses soldats.

FIN

# TABLE DES MATIÈRES




ÉMILE COLIN — IMPRIMERIE DE LAGNY